端到端的应收账款管理

位二兵　主编

法律出版社 LAW PRESS · CHINA
北京

图书在版编目（CIP）数据

端到端的应收账款管理 / 位二兵著. -- 北京 : 法律出版社, 2025. -- ISBN 978 -7 -5197 -3221 -9

Ⅰ. F275

中国国家版本馆 CIP 数据核字第 20254EZ737 号

端到端的应收账款管理
DUANDAODUAN DE YINGSHOU ZHANGKUAN GUANLI

位二兵 著

策划编辑 张 珺
责任编辑 张 珺
装帧设计 汪奇峰

出版发行 法律出版社
编辑统筹 法商出版分社
责任校对 王晓萍
责任印制 胡晓雅
经　　销 新华书店

开本 A5
印张 6.75　**字数** 139 千
版本 2025 年 7 月第 1 版
印次 2025 年 7 月第 1 次印刷
印刷 河北晔盛亚印刷有限公司

地址:北京市丰台区莲花池西里 7 号(100073)
网址:www. lawpress. com. cn
投稿邮箱:info@ lawpress. com. cn
举报盗版邮箱:jbwq@ lawpress. com. cn
销售电话:010 -83938349
客服电话:010 -83938350
咨询电话:010 -63939796

书号:ISBN 978 -7 -5197 -3221 -9
定价:39.00 元
凡购买本社图书,如有印装错误,我社负责退换。电话:010 -83938349

序

“月是故乡明,心安是归途”,若不是回趟苏北睢宁老家,还真不知道如何开始这个所谓的“序”。

“序”能等同于“叙”吗?

我不确定,可至少我认为,读者翻开一本书的那一刻,应该敞开心扉与作者处于同一场景,这样就可以不慌不忙、敞开心怀地彼此对话了。

入行18年来,做销售、律师、创业、讲师,总之没有离开商业账款管理这项业务,不是因为别的业务不好,主要是自己也干不了别的。就这样一直死守着商业账款业务,穷尽所能,把自己对这个行业的所知、所悟、所感都说给大家听,读者可以慢慢地去读,去领会,试着去感受我们之间的对话。

我相信未来还会有更多的人来研究商业账款管理,也一定会写出更深刻的感受。

只要行走在路上,人、物、事总是要发生变化的，商业活动亦是如此。活动不停地开展，法律也不停地更新，本书的内容自然也会随之陈旧。

每当打开电脑的时候，我都会想象自己站在讲台上，下面坐满了学生，随后便开始绘声绘色地自我对话。

就这样一句句地说、一字字地敲！

“白驹过隙，时光荏苒”，至今记忆犹新。那是 2005 年的春天，偶然间我开始从事商业账款管理工作，入职的“新华信”公司，在老板邹炎的引导下开始了销售顾问的工作。随后在 2008 年走上讲台给企业授课，授课的对象大多是财务、销售、法务、风控，而听课的人大部分竟来自制造业。

那会我第一次听说：“赊销找死，不赊销等死”。

后来，我又听说：“商业账款管理分为事前、事中、事后。”好了，我们先来聊聊这三个阶段吧！

合作初期（事前）。《礼记 · 中庸》：“事前定则不困，行前定则不疚。”每一家企业都知道在订立合同的时候需要去了解对方的基本情况，那么从哪些渠道获得信息？获得信息是否真实？面对诸多信息如何去进行甄别？筛选后又如何去评分？

合作中期（事中）。这是民事证据形成的最佳时期，包含合同的表现形式、订单、送货单、验收单、对账单等，还有最为重要的变更函。诸多的证据都应当在合同履行阶段形成，比如什么证据是有效的？证据丢失如何弥补？对方不给签字确认怎么办？

合同后期（事后）。在这个时期我狭义地理解为是账款处置环节，不涉及征信、证据等问题。我们面对的商业账款应当如何去处置，是通过电话、面访、律师函，还是有更好的方式？商业账款诉讼时效期间届满又将如何去处理?

上述问题都很令人头痛,所以需要读者好好认真阅读本书。本书没有太多的理论,更没有枯燥无味的法条,有的只是通俗易懂的点拨,知其一者便可知其二,环环相扣,用心感受,意在其中。

我想,我真的用心写了这本书,即使如此,仍难免有不妥之处,还望指正。

我的邮件:wb050103@163.com

目录

1. 信用分析流程

“诚者天之道,诚之者人之道”。

《中庸》告诉我们做人要遵守承诺、言行一致、真诚可信。这是做人的道理,也是应长期守住的底线,做一个诚实守信的人。可是,有的人就是不守信,我们不得不预防;那些不守信的人中的大部分原本也不是无恶不作的坏人,只是被其他因素干扰了,比如政治、经济、市场等,导致其屈服,进而出现了恶性循环,最后很多人都被无奈地扣上了“失信”的帽子。

在我的观念里,企业存在的价值主要是经济价值,经济价值的终点是股东权益,股东权益也就是股东的回报,即股东每年可以分到多少红利。理解这点又要回归到市场,因为一切都取决于市场盈利。市场变化快的多,企业不得不做预警方案来预防,预防的结果可能不会完全尽人意,这也可以说是追求利益所要付出的代价。

一家成熟企业管理商业账款的内容大体分为三个板块，具体可以参照图 1－1。无须考虑企业的性质、行业、规模、区域等条件，在此都适用。

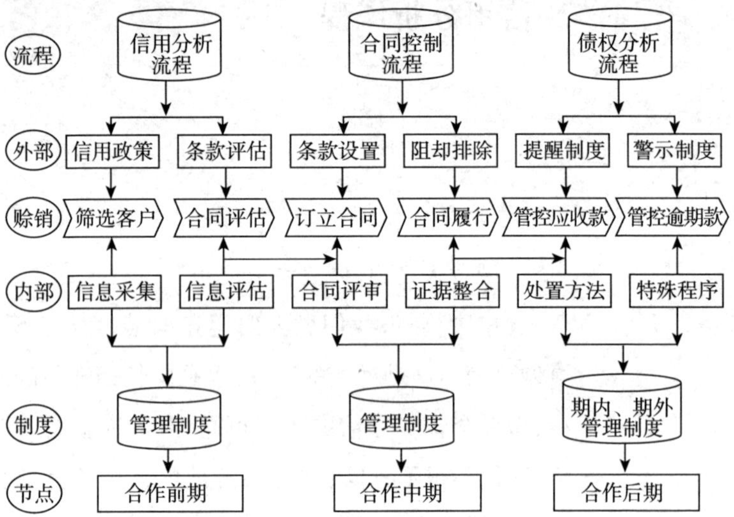

图 1－1　企业信用管理流程

三个板块是指合作前期的“信用分析流程”、合作中期的“合同控制流程”以及合作后期的“债权分析流程”。从图 1－1 中可以看出，三个板块相对独立，但又彼此影响，互有关联，笔者使用连接线把它们串在了一起，让它们彼此的联系更加明显。

事实上，这三个板块本质上是环环相扣的，我们需要深入地了解每个程序的重点。10 多年来，每当我在课堂上与学员互动，我都会先把这个图进行深度剖析，带大家了解前、中、后阶段的关系，以及它们存在的价值。我们需要重视这种价值，不能只盯着某一个环节、某一个点，那样没有什么意义，似有盲人摸象之嫌。

2005 年我刚踏入这个行业的时候，很多企业还不明白"征信管理"的概念，还有人简单地认为征信就是"讨债"，这样理解是狭义的。后来我发现"征信"确实难以解释，就修正表达为"商业账款管理"。既然是要管理商业账款，就不能单一地就应收账款进行管理，也不能只对逾期账款管理，而应积极地向前走两步，把合同控制和签订合同前的信用分析做好，这样才可以有效控制账款，也才称得上"管理"二字。

这些年我确实服务过不少企业，有的是提供培训服务，有的是提供咨询服务，更多的是帮助企业处理商业账款，其中逾期账款居多。为什么逾期账款居多呢?

"痛"，是的，没错!

就是因为钱收不回来，心"痛"，"痛"了才要找专业人员来处理。

我不能解决所有问题，有些问题如产品质量问题没有及时处理，诉讼时效届满、延期等都是比较好处理的，最难的是有些债务人，也就是欠钱的一方已经注销、吊销、停产、停业了，这就成了"巧妇难为无米之炊"了。

这种情况出现的时候，我很心痛，恨自己没有回天之术。

图 1 -1 是大多成熟企业使用的管理方式，是我一直倡导的一种科学全流程信用管理模式，也是解决账款管理问题的方法。

老子说："天下万物生于有，有生于无。"

自然界的万物遵循着预设的轨道发展变化的。商业账款也是变化的，我称为动态变化。随着时间的推进，诉讼时效、偿付能力、偿付意愿都在变化。

对于商业账款演变的全过程,我们或许一时半会看不明白,这是因为我们平日看到的只是一个点或者一个板块,从未有远距离去全面地观察它。

我们先谈谈“信用分析流程”内容,在这个板块中,我以“筛选客户”为中心,提炼了两个关键点:一是信用策略;二是信息采集。

信用策略,简单而言就是企业进入市场时需要给市场什么样的政策,这里的“政策”狭义地理解为“赊销政策”,也就是说你将给予这个市场多少赊销额度,分为哪些区域、哪些产品,又在各个季度如何表现。后文我们会进行专门解释和具体应用。

信息采集,这可谓是进入市场风险防范的第一道封锁线,哪几个部门负责收集,收集哪些信息,又如何甄别信息的真实性等问题我也会在下文阐述,尽可能地和大家说明白这些内容。

1.1 筛选客户

大家都知道现在市场竞争很激烈,从市场角度来看,这一方面源于市场上产品过剩,另一方面源于信息的易对称性。从管理角度来看,企业一方面是难以把握市场的未知风险,另一方面是对已有的风险不知如何应对。

上述分析的两种情况,在我看来,市场上的风险是大众风险,也就是说彼此都会面临的问题,解决的方式无非是从产品的质量、价格、服务等方面稳住市场;而从管理角度看待的风险,我认为,这是小众风险,也就是说,企业对此可以不受干扰。

客户开发是很难的事情,同时又是很简单的事情。为什么这样说？当几家企业的产品质量、品牌、服务、价格都相当的时候,你认为还有什么可以使客户动心呢？我想应该是“账期”,赊销账期是把“双刃剑”！

更长的账期会促进成交,也同样会让账款风险加大。那么在这样的情况下,是不是就意味着企业真的因为市场竞争激烈而要违背原则,铤而走险呢？我想大家和我的想法应该是一样的,当然不可以！

“富贵险中求”,知难而退自然不是大家想要的,自然也不可取！那么有人就会问我,“明知山有虎,偏向虎山行”,这样是否可取？面对这样的问题,我与学员探讨的时候都会告诉他们:“你若是武松,此行又有何惧呢？”想必我们要练就武松那样的本领才行。是啊,有了武松的本领不就可以打得老虎,众人称赞了吗！

我的理解是我们不能单单练就自己的本领,而选择合适的“对手”才是成功的关键。难道大家没有听说过“选择比努力更重要”的道理吗？

我们在市场开发时必然会面临诸多的竞争,而我们也明白不能因为竞争激烈就违背自己的原则,否则就会得不偿失。为此,我们需要设计一套结合产品状况适合于自己企业现状的客户筛选策略。我们是要尽快占领市场,还是暂时先考虑赢得利润？在既定目标的前提下针对客户设计关键性指标,这就是我们初步要做的工作。

产品要以赊销方式进入市场,就需要选择客户群体。依据设定好的标准去选择，自然就在选择的过程中有了第一轮的风险过滤。

大家发现了吗？这一次风险防范措施似乎没有用什么工具，也没有将产品投入市场，我们只是设定了一系列标准来选择与谁合作罢了。

我们一旦选择了目标客户，在决定合作之初，可能会急功近利地去合作，殊不知这样是存在风险的。能解决这一问题的方式唯有在企业内部形成一套"征信评估"流程，设置好信息收集人员、信息的权重，这样的信息需要后续加工，以成为具有价值的或者参考性的依据。在这个环节中，有效的信息收集程序往往会有意外的收获，从而避免了赊销的风险。这样的例子数不胜数，我们会在接下来的专题中反复提到。

不可否认的是我们通过信用分析流程来分析潜在客户的风险，在订立合同之前可以有效防范风险。这样的工作方法成本显然是最低的，"低"是因为它便捷，投入微不足道，这就是对风险萌芽时的遏制。预防的成本往往都是廉价的，但效果最优，当然这需要去发掘才能掌握。

我们将从以下两个方面详细分析商业运作中如何控制最易控制的风险源，从企业如何制定相关制度到信息收集的类别逐步进行分析。

1.1.1 企业常见的三种信用策略

市场经济环境是动态发展的，因为市场的不稳定因素导致行业发展或处于暂时性的扩充期,或存在偶然性的紧缩期,这与政府政策息息相关,也与企业排产计划有密切联系。企业不得不因为市场变化来调整自己的信用策略,以更好地适应市场的变化。

市场环境无疑受到产品竞争的力度,产品的品牌、质量、价格等因素影响。企业从无到有,产品亦是如此。大多情况下,一个新产品进入一个新市场,在利润诱使下会在很短的时间内面临巨大的竞争压力。倘若产品质量有问题即流入市场,其可能会面临不同程度的索赔,也会出现合同违约,即质量瑕疵会导致反复维修。而质量瑕疵终将成为支付合同货款的阻却事由,这也就是我提到的最常见的阻却事由,而弥补质量瑕疵的成本往往是高昂的。所以,我认为赊销的前提之一是产品质量必须稳定。

成熟的市场领域中已经有相对稳定的市场供给者。如果一种具有传统使用功能,但欠缺革命性创新的产品进入这样的市场无疑也是不具备品牌优势的。我们不得不采取更有利于经销商、购买方的价格策略来获取订单。为此,“赊”还是“不赊”,相对于“销”而言就需要选择更合适的信用策略,既要供给市场,还要保障自己微薄的利润。

说到这里,或许我们明白了新产品会因为产品本身质量问题而阻却收回货款,质量成熟的产品又会因为市场竞争而形成更大的压力,不得不设计更适合于市场的信用策略。

在这里,我不得不提到“价格”。“价格”看起来可以解决上述问题,价格低些不就可以实现“现款现货”,甚至可以尝试“折让销售”来降低赊销风险,价格低些不就可以“包揽市场”了吗?不可否认,这种减利的方法是有效果的,但只是短暂有效,企业要发展,自然需要利润,一味地以低价格取胜,似乎违背了企业发展的盈利规律。我称为“无能”的表现。

我见过很多规模性的企业总是资金匮乏的,不得不走向资本市场,通过发行股票、债券融资来生产,满足企业发展的需要。我想表达的是,上述的种种行为不都要付出成本吗?即使是有信心的企业通过债券融资,其成本也是可想而知的!企业这样做的目的还是希望通过产品的销售,获得高于借债的成本达到良性发展。若是货款无法收回,那结果可想而知。

我认为赊销的前提之一是企业必须有资金实力,这资金既可能是自有资金,也可能是资本,无论如何,都是要些成本才可以的。能够赊销的企业必然是有钱的企业,这是我不得不说的一句话。“赊销”简单解释就是生产出产品后出售给购买者,不同的是交出货物的时候,卖方并没有同时或者等价收到货币回报,可能要经过一段时间才能得到货款,这就是我说的,赊销具有“滞后性”。

“滞后”是货款获得时间相对于出卖产品时间而言的。有人会问,为什么一定要有钱的企业才可以赊销,资金匮乏的企业就不可以吗?企业的货款回收与产品出售之间存在滞后性,这个时间的长短,取决于企业的管理方式和产品特性。只要存在滞后性,就存在时间上的间隔,一方面,产品在使用的过程中会发生变化,这个变化是基于合同技术指标而言的,只要有变化就是瑕疵,就可能出现支付的阻却事由;另一方面,在买方没有支付货款的信用期内——我称为“信用期间”,卖方企业面临市场的诸多不确定性,这种不确定性也可能成为阻却回款的事由之一,当然这些都与卖方企业内部账款管理流程有着紧密的联系。

还有一个极其重要的事情,每一位企业主不得不面对一个现实,上文谈到企业用的资金是有成本的,资金是要归还的,不归就是违约,违约的代价不过多阐述了,那么,我们赊销给购买方的产品正是由这些资金构成的,我们获得这些资金很少是因为“信用”,大多是因为有抵押、担保等而获得的。相反的是,买方绝对不会通过抵押等从我们这里购买产品。这是两者最大的区别。买方没有抵押而从卖方这里取走了货物,这是什么?这就是信用,无抵押的信用。

企业应付款有抵押,企业应收款没有抵押,企业会紧张吗?也就是说,获得资金是有成本的,而购买产品的企业有没有成本呢?有的,那就是卖方未得到的利润!关键是货款要收回,才有利润,而且是账期内收回,逾期了自然也就没有了利润,或利润存在损失。

“赊销意味着无息贷款”,这看似多么美好啊!我使用你提供的产品,产品是你借钱生产出来的,我无偿使用。原本 15% 的净利润,我无抵押借钱的成本也是 15%,“聪明”的我只要延期 1 年,我就回本了;“狡猾”的我只要再拖上 1 年,就赚了 15%;“可恶”的我 3 年不付货款,那你就亏钱了;第 4 年我把货款付了,看起来货款也成功收回了,殊不知你只是拿到了 55% 的货款,够狠吧!

说到这里,我们不得不重视企业征信政策,这包含选择客户群体、赊销策略、账款管理流程等。在此,我们先谈一谈企业如何制定信用策略。

我的理解，企业信用赊销策略分为3种模式(见表1-1)。

表1-1 企业信用赊销策略模式分析

类型	运用条件	运用比例	风险比例	效应特征	关键词
紧缩型	财务指标、企业强势、产品稀缺、质量成熟、质量瑕疵、资金不足、行业因素、缺乏管理	少	低	限制效用	(1)不因理念误导政策 (2)审时度势把握时机
适度型	双向指标、中期发展、竞争较大 初期管理、质量稳定、产品成长	多	中	均衡效用	(1)适用市场变化调整 (2)依据自身产品调整
宽松型	急需销售、客户第一、管理科学、质量成熟、竞争激烈、经济稳定、资金雄厚	少	高	扩大效用	(1)充足的资金支持 (2)科学的信用体系

无论大家过去是否了解这三种模式，我都要解释，这三种管理模式没有好坏之分，正如月有圆缺，日有升落一样。市场的不确定性、产品质量不成熟、企业资金匮乏等因素的影响，都需要随时调整企业的赊销模式，找到适合自身发展的，才是恰到好处的。

比如说，企业在没有钱的时候，赊销自然要紧缩；企业产品不成熟不能完全依靠赊销，赊销的产品质量通常要具有稳定性；经济环境不好的情况下，赊销也不可过于随意。下面我们对这三种模式的表现形式进行分析。

第一种模式是紧缩型，也称为保守型。

2015年我有机会到昆山拜访一家台资企业，这是一家生产电子元器件的企业，客户群体不多，但客户稳定，产品质量也稳定。

企业老板很“骄傲”地告诉我,多年来,企业没有出现过一笔坏账,言下之意是企业管理得很好。

我却不以为然,最后果不出所料,这家企业近10年的发展历程中,企业销售额一直稳定在6000万元左右,就是单纯的围绕着昆山本地的几家企业合作,由于价格低,质量稳定,这几家企业都采用现款现货的方式购买。这样的模式就是十足的保守型模式,想必这不是一个想发展的企业,任何一家有资本概念的企业都是需要业绩增长的,然而业绩的增长无疑要开拓新的市场,研发新的产品,这是每一个资本注入都希望看到的场景。

几年之后,我再次尝试与这家企业联系,企业已经不在了。这是因为一旦有创新出现的时候,原本的市场规则必然会被打破,单纯保守并不能阻却客观情况的发展。保守本身没有什么错,但我们是否可以在市场中尝试必要的创新,以防止市场带来的冲击呢?

第二种模式是适度型,也称为稳健型。

适度型征信政策是大多数企业广为使用的一种常见方式,我们都知道“进可攻,退可守”的道理。企业发展过程中,因为市场、产品等因素的影响,必须调整自己的战略,这种做法是明智的。

有一种情况,企业当初创业的时候,有些经济实力的企业大多会采用赊销的方式来占领市场,一定阶段以后,品牌越发成熟,原本的利润也就变得不如之前了,这种情况下就不再赊销。这时,企业不得不研发新的产品,这又将面临一轮生命周期。这样的生命周期还是比较容易解释的,新产品可能质量不稳定、服务不满意,但是到了一定程度后自然就稳定了,而稳定之后利润却下滑了。

上述的情况就是企业稳健型特征，现有的产品利润不高、品牌知名度高，采取的模式相对保守，保守也有人买，比如传统的原材料，生活必需品等；但是这并不能给企业带来丰厚的利润，所以就会增加研发，让新的产品来服务市场，在没有太多竞争的时候采用必要的赊销模式来占领市场，为此获得利润。

一个企业有不同的产品，不同产品存在不同的信用策略；不同产品的周期也存在不同的信用策略。这就是比较好的搭配。

另外，我想说的是，我们必须时刻关注国际、国内客观情况。比如，疫情阶段就不适合冒太大的投资风险，企业如果赊销过多，可能会出现项目停工、人员变动，甚至是项目搁置的情况，那么，你所出售的产品自然也会受到影响。我们可以采取适当的现金折扣方式避免损失扩大，保障现有的利润，总是可以度过困难期的。

这里的适度保守并不是企业自己保守，没有管理水平去控制账款，而是因为外界可变因素充满不确定性，导致我们需要采取稳健型。

第三种模式是宽松型，也称为激进型。

看到"激进"的字样，或许你会觉得市场一片光明，机会唾手可得。的确在我们国家有过一段时间，大约 2010 年之前有相当的一段时间处于基建高峰期，围绕基建的产业链条无疑得到了快速发展。在这样的环境下，若还采用保守型、适度型赊销策略，显然是不利于企业发展的。我们就应当提倡大力赊销，以占有市场为导向。

不过，我需要去说的事情有两个，一个事情是大力赊销背后的成本是坏账率的增加,处置坏账的成本是高昂的,不得不健全征信管理体系,让每一个客户合作之前有份征信评估调查;让每一份合同项下的证据可以及时归档;让每一个订单都可以服务到位,减少质量瑕疵。

另一个事情是,你想“激进”的前提,一定要注意两个因素,那就是质量和资金。产品倘若没有好的质量,后期成本不是昂贵的问题,而是要遭到索赔的。

资金是有成本的,商业账款管理不好,收回的就不是利润那么简单了。或许你还依稀记得本书开始我就提到了资金成本,成本逐年增加,利润随之减少。

对于以上三种征信管理策略,或许你与我有不同的意见。表1－2是我根据多份问卷的总结,并结合企业的营业额、坏账额等做出的数据分析,当然这是在市场较为稳定的情况下的推断。这样的推断或许你认为存在理想化,是的,我自己也时常与自己有不同的意见,这是因为市场是万变的,信息的更新方式也在变化,产品、品牌、服务、质量、利润都在变化,赊销策略不得不随之变化。我们都明白“以不变应万变”,“不变”即是企业的盈利,“万变”就是征信策略的调整。

表1－2　信用政策模式与应收账款的关系

类别	紧缩模式(原有模式)	适度模式(改进后模式)
营业额/万元	100000	150000
毛利润/%	30	30
营业增加/万元	0	50000

续表

类别	紧缩模式(原有模式)	适度模式(改进后模式)
坏账率/%	0.5~0.8	3~5
坏账额/万元	500~800	4500~7500
坏账额增加/万元	0	4000~6700
毛利润增加/万元	0	15000
管理成本增加/万元	0	300(预估)
毛利润增长/万元	0	7200~10500

注:1. 基于150份问卷做出的整合性数据分析。
2. 排除了专业技能表现因素、坏账因素、机会因素、管理水平、行业特征、客户群体等因素。

所以我说没有哪种信用策略是好的,也没有哪种信用策略是坏的,适合企业现状就是最好的。

我们需要明白一个道理,我们打开这本书的目的是什么?是希望通过这本书来学会如何去预防商业风险?还是希望来管理现有的商业账款?这两者当然都有!恐怕还有第三种,希望通过本书可以帮助你收回逾期货款。

我坦白说:“很难”!

1.1.2 应当建立六大管理标准

我建议企业至少要确立以下标准,方可减少风险:

(1)征信评级标准;

(2)合同管理标准;

(3)产品服务标准;

(4)账款管理标准;

(5)逾期处置标准;

(6)内部问责标准。

战国时期著名改革家商鞅可谓是法家代表人物,其有言道:“圣王者不贵义而贵法,法必明,令必行,则已矣。”说的是一个圣明的君主不看重仁义而重视法度,制定法律一定要严明,颁布的法令一定要执行,这样就可以了。

企业亦是如此,这些标准制定起来很不容易,需要反复修改;在执行过程中也容易出现偏差,使制度的效果打折。实践中,很多企业甚至已经是营业额达上百亿元的企业,在管理起应收账款时也是漏洞百出。

我会在后文后逐一做出说明。

在这里,我想先来聊聊企业授信额度的计划,以及授信完成后如何检测所制定的计划是否可行,这点很重要。

正如图 1-2 中我们需要结合自身的坏账比率、价值权重、现有资金等诸多因素先设计出年度的信用额度。其中的坏账比率会随着信用额度的增加进行边际增长。坏账的高低与企业的征信管理流程有很大关系,也就是意味着赊销是以科学的信用管理流程作为基础的。

我们可以设想一下,假如没有前期授信条件的设置,也就是说,失去了预警系统,我们很有可能对不符合赊销条件的客户赊销了,这在最初实在是不应该发生的。

正常的做法是,要结合同行业的标准,不能闭门造车,制定的标准要符合市场规则,一味站在保护自己的角度上制定出来的策略一定不能有效实施下去的。

记得有一次在企业内训课上，一家公司是做矿物质原材料的，其在原材料领域算是行业领先水平，甚至达到垄断地位，显然采用严格的信用策略是合理的。

由于公司业绩提升，企业需要进行产品深加工，这样就形成了新的产品。这个新产品对于该企业而言是新的，但对于市场而言却是成熟产品。即使市场存在较大的竞争，但由于利润比较可观，这家企业还是愿意投入资金进行开发。产品进入市场时，他们才发现要是依照集团以前制定的信用策略是行不通的，因为市场上大多供应商都是采用赊销模式向市场投放产品，甚至是带着自有资金外购配套产品来抢占市场。这家公司之前从来未遇到过这种情况，但是为了占有市场，得到新利润增长点，只能尝试适用行业普遍标准。

其实这并不可怕，既然同行都采用赊销方式，在同等因素影响下，我们只需要执行自己设定的各环节的标准。在风险出现时，我们就可以做好准备，减少损失。

我们通常把年度的信用额度平均分到12个月中，然后，依照整体信用额度再细分为以市场区域、产品、季度的比例（见图1－2）。

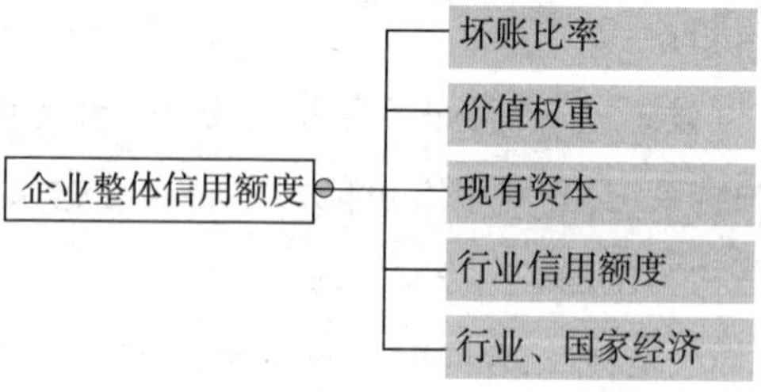

图1－2　影响企业整体信用额度的因素

图 1 –2 右边列举了可能影响信用额度发放的因素，我们在执行企业信用额度时需要予以考虑。比如，坏账比率会随着额度的增加而增加，赊销信用模式因为资本雄厚而采取激进型等。不排除预先设置的数额，因为各种因素的影响，在执行标准的过程中可能出现与先前制定标准的误差，这也无妨。我们只需要关注误差出现的原因是否违背了征信的原则，比如客户筛选标准、征信评估标准。

那么，我们如何给予一个客户赊销额度呢？这样的额度是否科学？这个不确定性很强的问题一直困扰着大多企业信用经理。

我们仍然要根据客观环境、产品特性等做出适用性信用条件设置，评估内容见图 1 –3。被赊销的单位资信不太好又没有抵押担保可能的，我们可以适当降低自己的利润，采用现金折扣方式获得订单。

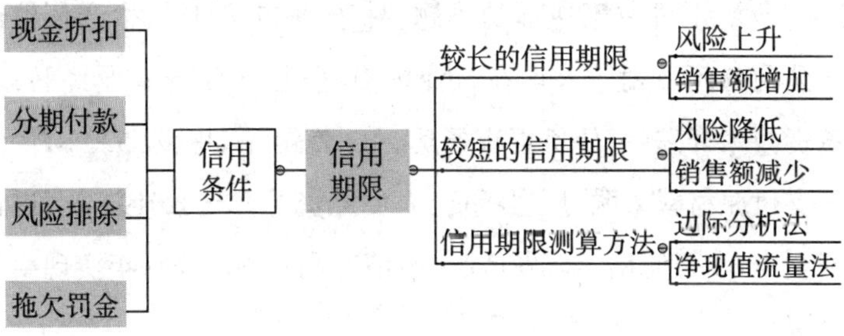

图 1 –3 信用条件评估示意

另外，假如我们在订立合同时设置违约金，违约金原则上要高于银行同期贷款利息，否则容易成为拖欠货款的助推剂。

1.1.3 案例背景(第一回合)

污水处理相关标准系国家强制性规定,如果企业、个人违反规定将承担刑事责任和巨额罚款。现阶段环保相关标准和法律规制体系较为成熟,且自20世纪末很多国内外企业已经聚焦于环保产业,发展至今无论是环保治理技术还是环保设备市场都很稳定,行业细分较为精准,与此相对应的,这也表明环保行业的竞争已然程度激烈。但无论如何,高质量的产品和科学的管理模式在所有领域都可以战败对手。

企业背景

A公司于2013年1月成立于苏州,主要生产环保机械,帮助解决企业污水排放不达标的难题,并于2017年开始生产环保试剂。公司的两位创始人均在行业内有超过15年的专业经验,一位负责技术开发、一位负责市场运营。公司先期投入5200万元,用于支付原材料采购、厂房租赁、人员工资等开支;2019年引进首轮资金3000万元用于研发产品、申请专利;计划2020年实现第二轮融资。

销售策略

A公司主要采取直接销售和代理销售的模式,主要客户群体为市政工程单位和私营企业。公司对于小型企业原则上采用现金交易,对于大型市政工程项目采用投标形式。公司没有详细的年度信用额度指标。据2019年年底统计,当年1.6亿元的销售额中90%来自华东地区,20%的收入来自销售环保试剂(同比2018年增加300%)。

A公司销售部门有助理若干,平日负责合同、订单、发票等事务工作。销售人员负责项目投标,依照公司政策订立合同及客户信用评审。没有设立客户档案更新制度和评级习惯。同时,A公司配有法务经理,负责征信管理。企业应收款与销售人员的关键绩效指标(KPI)严格挂钩,合同签订后的所有收款工作均由销售人员负责(包含逾期账款),销售助理和企业高层负责提醒和监督。

财务状况

公司成立之初,资金较为充足。经过6年的发展,客户类型增加,公司内部人员亦有变动。到2019年年底,公司财务数据显示尚有4700万元应收款未收回,占2019年年度销售额的29.37%,其中账龄超过3年的占比25%(1175万元),账龄在2~3年的占比35%(1645万元),其余为账龄2年内的,约1880万元。欠款金额多为设备的验收款和质保金,单笔金额10万~200万元不等,涉及约80家单位,其中有30余家仍有合作。

对此,提出以下问题:

(1)A公司采取的销售赊销策略是否符合现状?如果不符合,哪些是需要调整的?

解析:A公司采取的销售策略为直销和代理模式。对于其终端客户是包括市政工程企业在内的单位,直销模式是符合市场开发策略的。但是,对于代理模式,由于代理商很多都不是实体公司,存在较大的不确定性风险。

笔者建议,A 公司可以将代理模式适当调整为“居间”模式,由渠道代为谈判,但合同最终由 A 公司直接与终端客户签订。

(2)假如 A 公司次年的销售目标欲增加 100%,又将如何调整?调整的范围是什么?需结合外部市场管理,企业内部流程管理提出方案。

解析:A 公司增加 100% 的销售额,应当就坏账准备率、应收款周转率、风险控制等方面进行调整。

通常情况下,在没有新产品进入市场的情况下,新业务的增长大多依赖赊销实现,但这无疑会增加坏账率。A 公司需要测算在增加的销售额中可以承受多少坏账?通常情况不超过销售额的 3%。

另外,A 公司需要设置协助管理账款的部门,在销售前期、中期、后期做好管理工作,不可以依赖法务在后期处理呆坏账。

(3)企业在发展中如何使用本书中所述的三种征信政策?赊销是促进业务增长的一种有效方式,那么,赊销的基础是什么?

解析:三种征信政策不是一成不变的,其会随市场竞争环境、产品成熟度、企业利润、政策等因素发生变化。本案例中,A 公司是家较为成熟的企业,可以考虑采取激进型销售模式增加市场份额。

采用激进型销售模式需要结合以下标准作为赊销的基础:

①企业征信评级标准。从筛选客户、签约客户、赊销额度、赊销账期等均应当有参考标准。

②合同管理标准。需要从合同发起时就进行评审，结合合同内容中有关技术、价格、交货期等诸多因素以及企业自身情况作出评估。企业需要设立合同保存制度，与合同相关的发票、送货单、签收单等单据需要按照标准保存。

③产品服务标准。对于现场安排、调试、指导等工作需要制定企业标准，防止客户因服务不达标主张拒绝支付。

④账款管理标准。企业需要根据自身的产品情况结合客户情况制定内部账款管理流程，明确应收款主要、次要管理人员的责任。需要注意的是，企业应制定账款逾期处置标准，依照应收款的时间制定“分阶段、分层级”的科学跟踪账款流程，而不应由业务人员或者其他岗位的工作人员长期单独跟踪账款。

⑤内部问责标准。企业出现逾期呆坏账，要按照企业内部的追责标准追究相关人员的责任，具体如惩戒、罚款等措施。

1.1.4 测算授信的科学性

下面我介绍几种方法测算授信是否符合科学性要求。

(1)边际分析法。边际分析法是将追加的支出和追加的收入相比较，二者相等时为临界点，也就是投入的资金所得到的利益与输出损失相等时的点。

边际效应是指增加一个指标可以改变另一个指标，另一个指标达到零的时候为最优。在增加销售额时必然会使呆坏账增加，只要增加的值最优，那么就算合理。

我们试着将3000万元的销售额上升到4200万元，将信用期限从原来的 40 天周期延长到 55 天；这样一来，销售额增加了 1200 万元，信用期限比原来延长了 15 天，这就容易导致呆坏账风险的增加，正常情况下这样的风险是被允许的，没有风险本来就不是科学管理征信的范畴。

①计算边际收益

我们计算出来的边际收益为 228 万元，这是增加 1200 万元销售额实现收益的结果。

$\mathrm{MI} = \Delta \mathrm{S} \times \mathrm{A} = 1200 \times 19\% = 228$（万元）

②计算边际成本

因为销售额增加会产生必要的管理成本，这包含市场开发、人员薪资等，此刻的成本应该是边际效用大于零的，若低于零就意味着得不偿失。

根据变化后的数据可以得出：

$M_1 = 20 \times 15\% = 3$（万元）

$\Delta \mathrm{O} = (\Delta \mathrm{S} \div 365) \times T_1 \times \mathrm{I} = (1200 \div 365) \times 55 \times 10\% = 18.08$（万元）

$\Delta B = \Delta \mathrm{S} \times B_1 = 1200 \times 2\% = 24$（万元）

$\mathrm{MC} = M_1 + \Delta \mathrm{O} + \Delta B = 3 + 18.08 + 24 = 45.08$（万元）

③计算边际收益净值

$$
\begin{aligned}
\mathrm{NMI} &= \mathrm{MI} - M_1 - \Delta \mathrm{O} - \Delta B = \mathrm{MI} - \mathrm{MC} \\
&= 228 - 3 - 18.08 - 24 \\
&= 182.92 \text{（万元）}
\end{aligned}
$$

④结论

调整为 55 天的期限后，增加了 182.92 万元的利润，方案可行。

(2)销售量法确认

这种预测授信额度的方式是基于以往的交易记录而形成的，原则上在180天内新客户是不可以赊销的，随着数据的逐渐形成才有测算的依据。所以，我们还是需要结合行业标准来制定企业标准。180天内是否给予赊销，并不是一成不变的，假如增加担保就可以赊销。

图1－4是销售量法的计算方式，在使用的过程中需要注意风险修正系数，修正系数是基于信用评级得出来的，而信用评级来源于征信信息的评估，下文中会有详细的描述。另外，在得出估值后我们还要注意因为其他因素影响的数值变化。

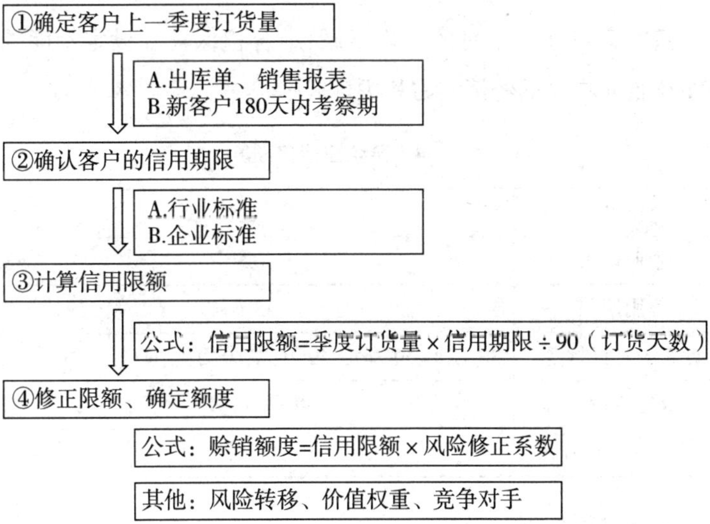

图1－4　销售量的计算方法

在做出最终额度确认时，我们还要充分考虑是否存在其他因素，比如竞争对手是否存在恶性竞争，被授信人是否有抵押、担保行为，甚至与该项目方的合作对于其他项目是否有效仿反应等。表1－3的企业虽然是C级别，依照评定的标准只能授信31万元，但被授信人提供了车辆作为抵押物，就可以增加20万元的授信额度（见表1－4）。

表1－3 某企业信用等级

风险级别（信用等级）	修正系数/%
A	100
B	60
C	40
D	0

依照客户前6个月的销售记录，结合担保情况设定额度，需要注意企业本身的经济实力和机会成本。

表1－4 某企业授信额度

条件	数值
企业评级	C
信用期限	45天
近6个月订货量	30万元、50万元、40万元、80万元、60万元、50万元
修正系数	40%（C级）
车辆抵押20万元	20万元

计算过程如下：

信用限额：$(30+50+40+80+60+50)\times 45\div 180=77.5$（万元）

修正后额度：$77.5\times 40\%=31$（万元）

额外增加额度:31 + 20 = 51(万元)

(3)回款额法确认

这种方法也是针对老客户的,对该客户过去连续 6 个月的销售记录数据进行分析,依据订单数量、回款习惯作出信用额度的测算。这也是较多地用于调整信用额度的方法(见图 1 – 5)。

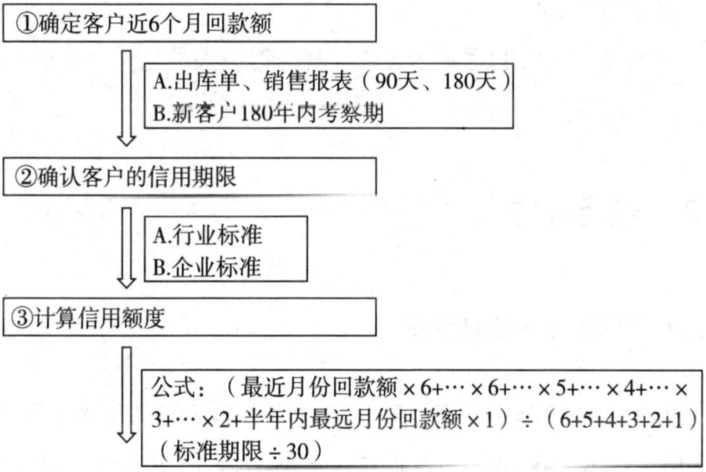

图 1 – 5　回款额法确认流程

这些同样需要结合企业年度标准和行业标准来判断,企业考虑的是自己的风险防范流程和资金水平;行业主要关注市场的主流赊销模式。一般推荐更关注行业标准。

(4)其他几种方法

除上述几种方法外,为了便捷我们通常也会适当使用以下方法,这些方法的使用并非长期不变的,更不是采用了就没有风险,恰恰相反,因为有了赊销,所以更应当注意过程中的风控,以达到增加企业利润的目标。

①营运资产法简化

额度 = 净资产 ×10%

额度 = 流动资产 ×20%

②销售量法简化

额度 = 客户上季度平均每月订货量的 2 倍

③心理推算法

不科学,但实用,适用于经验丰富的销售人员。

1.2 信用评估

1.2.1 信用评估信息采集

在上一个段落里面我主要提到的是企业如何设置自己未来采用的信用赊销模式。对客户授权额度的设计,以及授信额度设计后是否可以因为其他因素干扰而增加信用额度。这一系列问题是企业内部标准结合企业外部标准而订立的,在之后的内容里面我们会对这些额度给予检测,也就是说我们会检测它是否科学,是否符合企业发展的现实要求。

现在我们需要谈谈企业信用采集工作。企业信用信息采集工作大体分为以下几个方面:企业采集信息的参与者是谁;采集哪些信息;如何在信用采集过程中通过说明的方式来完成信用信息的有效评估工作,让我们得到的信息具有真实性,如何通过评估分数来推断赊销的综合指标等。

在这里需要提醒大家的是，我们这样去采集信息是为了签约客户，而非拒绝和任何一个客户去合作，这是所有参与信用风险管理人员的共同目标。只是我们希望通过这样的程序把已知的风险排除掉，最大程度上保证合作的安全性，这里用的是“已知”，没错就是已经知道的风险，可以通过有效的方式获知的风险，通过一系列工具将它排除。

现实中，存在很多已知风险的情况下，企业仍会签约，这是因为什么呢？我想不排除人为因素，可能是没有预防，也可能是预防的方式出现了问题。

在这个程序中，我们发现买卖双方并未有签约的迹象，也就是说，这个环节与合同的审核、签订关系不大，也不需要被调查方（买方）做出任何层面的配合，有的只是我们企业内部的征信信息标准，依照标准将需要信用采集，进行有规律的筛选即可。

这并不意味着即将要合作，而是在即将合作之前踩了刹车，看看前方是否存在风险，确定此刻没有风险后方可进行下一步，即合同条款审查工作。

这个环节具有评估成本低、风险隐蔽性小、工作效率高的特点。很多企业在这个环节没有做好工作，以至于到后期账款管理时发现风险，后悔莫及，难以补救。

过去帮助企业管理账款时，有家南京企业在 2020 年委托上海言忠理律师事务所办理一件逾期账款的案件，债务人是一家武汉的企业，当时恰逢新能源汽车市场震荡高峰期，债务人生产充电桩，资金严重匮乏，厂房、设备多被银行申请查封。通过律师多轮沟通，几经周折，最终通过折让分期的方式履行了部分货款,这也算不幸中的万幸了,案件直到 2021 年年底才算结案。

结案不出两个月,这个客户又一次委托了一个逾期账款案件,案件的债务人通过我们律所名称关联检索时候,发现正是 2020 年的同一个企业,签订合同的日期是 2020 年年底。为此我感到非常诧异,也就是说,南京这家公司在 2020 年已经与债务人发生了纠纷,这时候律师正在协助处理其他案件,还未有结果,而且其结果也预感不会太好的情况下,这期间他们又签订了另一个赊销合同,这次也同样出现了逾期偿付的现象。

这可是在同一个地方跌倒了两次。

大家看到这里是不是同感诧异?其实这个案例中发生的事情其他企业常有发生,这时我们只需要做必要的征信调查,做出评估后便可规避第二个案件中的问题了。

上海有家生产压缩机的企业的案例很值得一提,我想谈谈这家企业试着让大家明白征信信息采集的重要性。

大约在 2020 年,我们接受这家企业的委托,其债务人是云南的一家企业。基于从业的习惯,我们每次接到案件后都会进行一次基础征信调查,主要是查询这家企业的诉讼情况、注册资本是否实缴、企业法定代表人变更、企业投资方等敏感问题。为什么主要调查这些内容,后文我会详述。

这个案件中签订购销合同的时间是 2018 年,采购的产品主要用在开矿的工地上。该行业很容易受政策因素的影响。当然,我们这里说的不是政策因素,主要说的是这家云南的企业在 2015 年时被当地银行起诉,并被列入被执行人名单。

诉讼的程序——立案、审判、执行是相对独立的三个程序，不可否认，企业涉诉也是正常的，但需要注意的是，企业一旦收到了生效判决，倘若没有履行法院生效文书认定的内容，就会被追究法律责任。

企业拖欠了金融机构的贷款没有偿付，大概率是山穷水尽了，银行贷款通常是有抵押物的，一旦行使了抵押权，企业的经营就会受到很大影响。到这里，我想各位应当理解我所想表达的意思了，这家企业在2015年就出现了危机，而其与上海企业的合同订立于2018年。

记得湖南的一家上市企业在退市时，其董事长说了句："股民朋友们，愿赌服输！"愿赌服输是《春秋》之后的总结，其原文为："怀公怒，欲杀之，术急曰，赌者必有输，何故迁怒于人。"反思其中，我们的资本市场是赌场还是市场呢？我认为应该归于市场范畴。倘若用了赌的心态去赊销，那结果是多么令人担忧呢！

翻开这家企业的历史，不难看出种种迹象。问题就在于你知道去看吗？你会看吗？

下面我来谈谈企业征信采集数据是哪些人参与，参与权重又是如何分配的。

①信息采集参与者

一般而言，要参与征信采集的只有两个群体，第一是直接与被调查者订立合同的人；第二是从事授信额度工作的信控人员。他们都是合同的直接参与者，不同的是，第一个群体是因为公司的考核制度要求收集信息，很少有人会去关心信息的真实性，他们更关心订单是否可以签下来。这是职业身份的天然属性。销售人员天然地期望被调查者可以得到授信额度，所以，我们就会发现一个问题，这样的信息是否可以作为未来授信的基础，单单这样的征信是否具有价值呢？

再说另一个群体，调查信息的专业征信人员，他们有着敏锐的洞察力，但其可能无法得到自己想要的所有信息，比如下面要谈到的定性指标，就比较难获取，这就需要依靠第一个群体了。但是，当第一个群体将数据登记到评分表时，又需要依靠第二个群体去检验，通过检验的数据得出的估值才具有使用价值。

我们好像明白了一个道理，那就是单单依靠销售人员去获取信息，信息会不真实、不科学；依靠信控人员去获取信息，会不全面，也不科学。这就需要两者之间的有效配合，共同完成才具有真实性、科学性。我始终认为一名好的销售人员一定以企业股东权益为目标，通过获得订单实现期望利润，获得利润的前提是合同的有效执行，有效预防、控制、管理合同风险。

但是，销售人员不擅长去征集信息，必须由信控人员协助。这样协助是好事情。为什么是好事情呢？首先这是控制风险的第一个源头，但有的销售人员并不是很欢迎信控人员介入，因为他们担心信控人员妨碍销售，无法获取订单，失去客户。

我们是需要订单，还是需要利润？我想说的是，我们都要看得长远些。我们需要的一定是利润，订单是转化为利润的工具，转化不好就成了坏账损失。当销售人员和信控人员都能明白这个道理的时候，征信工作开展起来就显得容易多了。

还需要补充一句,征信人员要能做到为了销售人员好,让他们真切感受到这一事实。这需要具备专业水平,用真实的数据、事件来说服销售人员,帮助他们控制风险,而不是一味阻碍赊销。

疫情期间,我曾经与深圳一家企业开视频会议。会议结束的时候,集团的销售负责人问了我一个问题,他们涉及一笔授信订单,通常需要6人签字才可以走完审批,这样比较耽误时间,是否合理?这让我想到之前的一家年营业额过百亿元的企业,一直从事经营稀缺矿物质,后进入建材行业,其授信程序多达8人签字,这样烦琐的流程确实令我惊讶。

其实,我们思考一下,这8个签字的人意义是什么呢?我的理解是,每个签字的人都需要对征信信息有所了解、有所参与,这样签字的程序才有意义,否则签的都是形式主义,或者是为了减少自己的职务风险而设置的多余程序。而形式恰恰又是逾期账款形成的痛点。

②信息采集的主要内容

信用信息采集的内容,主要分为四大类:1)定性指标;2)定量指标;3)价值分析;4)风险分析。

这四个指标收集的方式不一样,在评估的体系中起到的作用也不一样。下文试着逐个分析。

1)定性指标

定性指标,是指不能直接量化,而需通过其他途径实现量化的评估指标。对于被授信的客户,一般可先进行模糊等级评价,然后再进行量化。其缺点是易带入评估者的主观因素,且指标的区分度和可信度较差,难免影响评估的客观性。

要想更准确地授信,我们不得不多列举指标,让指标分数渗入多个小指标中,尽可能地减少主观因素造成的误差。但我们又不能列太多指标,太多了不仅增加工作量,而且对质量本身影响不大;但是又不能太少,少了就会受到主观因素的影响。

我是从企业组织管理、历史背景、产品市场三个维度来分析定性指标的。我认为,这三个维度可以综合反映出企业的整体运作情况。在这三个维度中,我列出了 14 个类别,通过 14 个类别做出 62 个小项目,每个小项目对应的评估内容以及分值包含"不知道""不清楚"这样的评估选项。

需要注意的是,我们不能强加给某个项目分数,若是存在未有获取的内容就如实填写,万万不可胡编乱造。同时,也可以适当地设置一些一票否定项目,就评估的内容给予一票否定,否定后我们再根据其原因进行分析,看看是否具备信用流程轮转的机会。

图 1-6 涉及企业"组织管理"层面评估的关键性内容。可以看出其中的内容多是可以获取的,甚至有的内容不需要主动获取,也会被动地了解到。比如,对方给你发来的邮件措辞是否严谨,对方与你洽谈的人员是否具有专业水平,这些都不难获知。图 1-6 的内容主要是一线的业务人员负责填写的,一方面业务人员在填写的过程中可以做好自检工作,另一方面这些也是信用人员评估的依据。

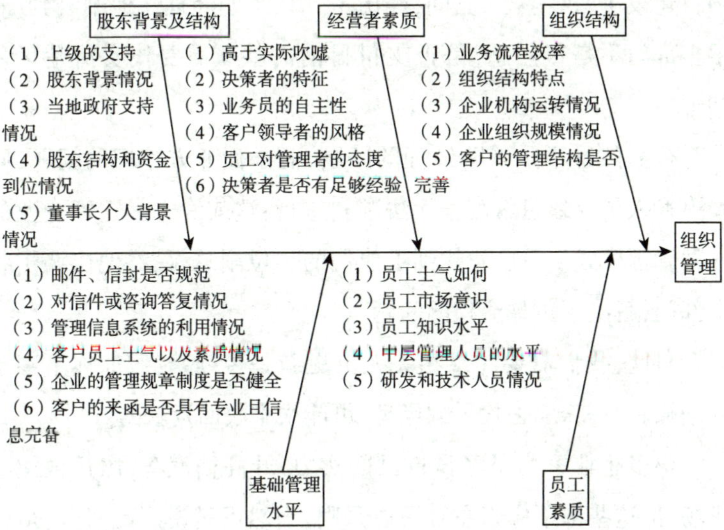

图1-6　组织管理层面评估涉及的关键性内容

那么,信用人员如何对这张图进行评估呢?我想最为直接的方式就是抽查。作为授信人员我们需要具有一定敏感性,业务人员的态度是可以通过所填内容来判断的,我们将分数渗入多个选项中,其内容自然也就相对准确了。

在此,我提几个容易犯的错误。原则上,我们希望被调查企业的董事长是创始人,是从业务或技术方面随着企业的发展一路成长起来的创始人,这会使他更加珍惜自己的企业。企业员工高频变动是不利于企业发展的,现实中很多逾期账款的形成主要就是人员调动,导致无人去申请款项,最后造成逾期货款无法收回。

我处理过一家债务人是南京本地房地产企业的案件,在第一次与对方采购人员沟通时,他告诉我自己刚刚到岗两周,但这个项目建设了两年多了,其间,经历了5任采购经理。他刚刚到岗,很多部门不是很熟悉,是否支付目前的款项需要核实清楚后才知道。

很显然这不是采购经理的问题,而是债务方管理的问题,频繁更换人员导致付款流程无法顺利进行,这或许也是这家企业的一种管理模式。最后我找到了他们的一位副总,最终他协调了各个部门,解决了付款流程的问题。

对此,我们需要注意相关人员更新是否频繁,假如你不善于处理账款,一味地去找采购经理,可能很难收回货款的。

很多企业家为了彰显自己的实力,开高档汽车,出行很注重排场,但这些都不应当左右评估原则,当然不是说因此减分,最起码不应当加分。而不变的原则就是企业的真实实力。通过真实性来判断,避免不必要的风险。

比如有家从事阀门生产的老企业,我最初去拜访的时候,看到在办公大楼下停放着一辆黑色劳斯莱斯。起初我没有太在意,后来去多了,我发现那辆车每次都停放在大楼下的同一个位置,而且看起来极为光亮。出于好奇,我问了这家企业的财务总监,他偷偷告诉我,这是他们董事长放在门口的“摆设”,车子是不能开的,不知道从哪里弄来的,从来没有开出去过。但是,每次有合作伙伴走到车跟前时候,都会唏嘘赞叹。

或许这就是董事长的目的所在,但这种事情不应当对评估产生误导。

图1-7是从注册情况来评估企业是否符合赊销的条件。在辅导过的企业中,我发现很多企业极为重视这方面的数据,但是

对数据评估的权重出现了误解。比如,认为成立时间久就意味着企业可信,注册资金高就意味着企业实力强。

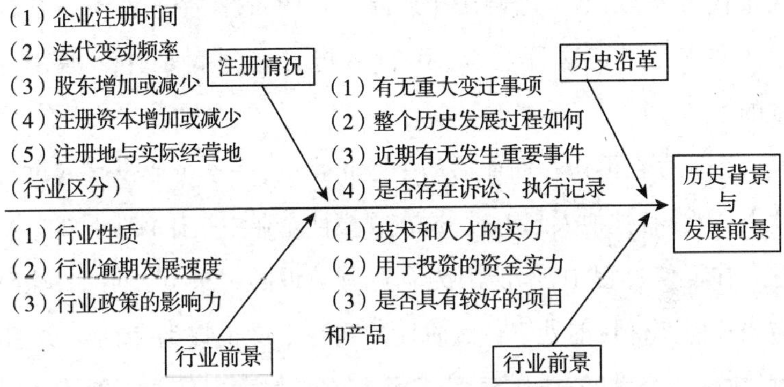

图1-7 从企业的注册情况与历史沿革评估企业信用的关键内容

其实,我们需要关注的是企业注册资本实际缴纳了多少,注册资金是否存在增减的情况。假如一家企业注册资金原本是1000万元,由于种种原因注册资本变更为50万元,显而易见,这家企业不会有大的发展计划,或许存在因为需要实缴,出现实缴后注销等情况。我们在评分时容易忽视这个问题,实际上,我们应该更重视实缴资本尤其是《公司法》已于2023年修改,注册资本制有了很大的变化。我的意见是在分值上要权重实缴资金的企业,这一点是基于股东侵权之诉论述的。

一家企业的法定代表人通常与实际控制人是一致的,当然不一致的情况也存在,除非他具有特殊身份,否则会因违反了《公司法》的规定,不具备担任法定代表人的资格。

上面的这两种情况还不足以担心,我想说的是下面这种情况才是最为危险。

有人因为担心法定代表人需要承担必要的法律责任，而不愿意承受这个身份。也就是说，企业的实际控制人不愿意担任法定代表人，是出于逃避法律风险的目的，这家企业就不符合征信的要求。遇到这种情况，我们不妨看看到底是什么原因导致的。

企业存在诉讼在商业活动中是正常的，一家企业没有起诉过他人，也没有被他人起诉过，这在规模性企业中是比较少见的。

在征信过程中，不能因为企业有被诉的记录就否定他，这时应当注意案件目前处于什么阶段。我在上文也提到存在立案、审判、执行三个程序，在立案、审判环节都是属于责任并不明确的时候，如果诉讼案件不算多，我们大可放心地忽略这个因素，但是一旦有了生效文书，有缔约精神的企业必然会去履行，如果没有履行就存在问题了，这时我们就要警惕起来了。

这里需要提醒的是，一家企业若多次被诉，又多次因申请人撤诉结案的，实际上也是存在风险的，这种风险要大于审判阶段的风险。

曾经有家企业尝试进入资本市场，但在尽调过程中发现了几年前的一起劳动纠纷案件，导致投资人不愿意投资。原因很简单，那就是既然法院已经做出了生效判决，作为义务人就应当履行义务，不履行就说明你不尊重法律，或者法律意识较为淡薄。这家企业的董事长也是悔恨莫及，说是一气之下才不想支付劳务报酬的，但这样没有法律基础的“赌气”说辞对于投资人而言显然是不能接受的。

诉讼虽然是很普遍的，但作为未来的合作伙伴，我们不能只了解到这个程度就满足,还要试着分析案件的成因。一般情况下,企业涉及的纠纷无非是买卖合同纠纷、劳动纠纷、借贷纠纷、知识产权类纠纷等。在这里,借贷纠纷是最为敏感的案件。我们可以想象一下,你从银行获得的资金,多数情况下是有担保物的,银行的钱万一偿付不了,可能就面临被执行抵押的财产,这对于企业而言负面的影响就会很大,还可能引起群体效应,所以多数情况下企业都会想尽一切办法把银行的钱先还上,若一家企业最终还是被银行起诉了,那么他的风险就不言而喻了。

创始人创立的企业,在没有过分的对价交换的前提下,原则上他不会减持自己的股份。我们都知道,一旦股东减持了股份,股价就会有波动,所以我们需要关注企业近期是不是有股东减持的情况出现。企业是有利润的,未来发展前景一片光明,哪个股东愿意去减持呢?除非更有利于企业的发展。这些情况需要大家认真体会,这比单单根据企业注册资金、公司人数评估要有意义得多。

总之,我们应该更加关注法定代表人与实际控制人是否为同一人,企业的实缴资金情况,股东人员和持股比例增减情况,涉诉案件的状态和案件的来由等,这些才是评估中的重点,要给予充分的权重。

我们尝试通过其他测评数据来矫正主观方面带来的偏见,如我们很重视企业的品牌管理,企业在每年的计划中对新产品的投资比重,整个行业基于现有经济体量下的发展潜力等。这就是图 1 - 8 关注的内容。

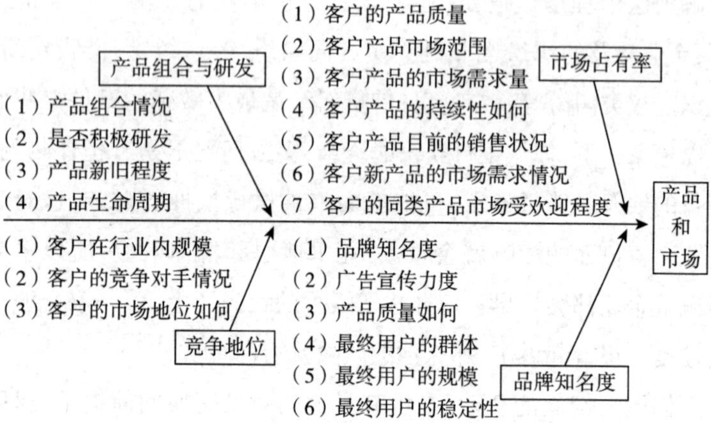

图1－8　通过品牌管理评估企业信用的内容

销售人员时常会遇到同行，在竞争的同时，其也可以从同行处获知被调查公司的情况，这种同行之间的交流普遍存在。

对于这些定性指标，多数情况下我们是可以通过主观意识判定的，既然是主观意识就要求我们有更丰富的经验，因为主观意识的准确性是基于日常积累的。

通过这些项目分析不难发现一家企业存在的风险，并寻求必要的手段加以防范。这只是评估项目中的第一大类，也是主要依赖于销售人员获取的信息。所以，我们不仅要培养业务人员甄别信息的能力，更重要的是要提高业务人员的信用素养。

2)定量指标

定量指标是可以准确数量定义、精确衡量并能设定绩效目标的考核指标。在定量评价指标体系中，各指标的评价基准值是衡量该项指标是否符合赊销基本要求的评价基准。

定量就是基于企业的财务数据，通过预先设计好的公式进行科学计算，将计算出的结果对应行业的标准，依照标准估值评分。

以下为常用的公式：

净资产收益率 = 净利润 ÷ 平均净资产 × 100%

净资产收益率是指公司税后利润除以平均净资产得到的比率，用以衡量公司运用自有资本，也反映公司对股东投入资本的利用率。净资产收益率指标弥补了每股税后利润指标可分析性的不足，指标值越高，说明投资带来的收益越高。当然，我们需要更细地研究毛利率、净利润、周转速度、财务杠杆，才能发现不同公司的差异，研究造成这些差异的原因，然后根据这些数据判断公司未来的情况，以发现合作机会。

销售利润率 = 销售利润 ÷ 销售收入净额 × 100%

销售利润率是企业的销售利润与销售收入额之间的比率，是以销售收入为基础分析企业的获利能力，这是反映销售收入收益水平的指标，即每 1 元销售收入可以获得的利润总额。

销售利润率对权益利润率的影响很大。销售利润率高，权益利润率也高。影响销售利润率的因素是销售额和销售成本。销售额高而销售成本低，则销售利润率高；销售额低而销售成本高，则销售利润率低。

资产负债率 = 负债总额 ÷ 资产总额 × 100%

资产负债率又称举债经营比率，它是用以衡量企业利用债权人提供资金进行经营活动的能力，以及反映债权人发放贷款的安全程度的指标，通过将企业的负债总额与资产总额相比较得出的，反映在企业全部资产中属于负债比率。

资产负债率是期末负债总额除以资产总额的百分比，也就是负债总额与资产总额的比例关系。资产负债率反映在总资产中有多大比例是通过借债来筹资的，也可以衡量企业在清算时保护债权人利益的情况。资产负债率这个指标反映债权人所提供的资本占全部资本的比例,也被称为举债经营比率。表示公司总资产中有多少是通过负债筹集的,该指标是评价公司负债水平的综合指标。同时也是一项衡量公司利用债权人资金进行经营活动能力的指标,也反映债权人发放贷款的安全程度。

应收账款周转率=销售收入净额÷平均应收账款余额×100%

由于大多数行业都存在信用销售,形成大量的应收账款,如何能更快地将这些应收账款收回变为真金白银对公司持续运转至关重要。如果周转天数延长,回款速度变慢,公司将不得不通过借债等方式补充营运资金,会造成成本的上涨和经营的被动。在相同行业内,应收账款周转天数越短的公司通常有较强的竞争力。应收账款周转天数加上存货周转天数再减去应付账款周转天数即得出公司的现金周转周期这一重要指标。

销售增长率=本年销售收入增长额÷上年销售收入总额×100%

销售增长率是企业本年销售收入增长额同上年销售收入总额之比。本年销售增长额为本年销售收入减去上年销售收入的差额,它是分析企业成长状况和发展能力的基本指标。

相对于定性数据而言,定量数据获取的成本高,难度也大些。我认为,目前就本土企业而言,定性数据的价值要远远大于定量数据的价值,这并不是定量的数据不重要,只是我们获取的数据真实性值得推敲。大家知道,当企业并购的时候,财务数据是极为重要的,那么,如何保证财务数据的真实性呢?往往他们会进驻企业,直接参与财务管理工作,甚至通过约定系列保证责任等措施来规避财务造假。

我们若也要如此,那么合作的成本就太大了,我们不得不放弃过多的经过粉饰后的财务数据。即使不放弃,我们也不得不反复去审查财务数据的真实性。现实中粉饰财务数据、财务作假的事情频频发生,这些信息即使得到了也要谨慎使用。换句话说,我们需要学会修正这些数据后再使用。

3）价值分析

价值分析（Value analysis）是对商品的价值、功能与成本做进一步思考与研究，基于每份订单标的物的情况，集思广益寻求技术、运作、服务等最佳方案，再运用体系分工的方式实现价值提升或降低成本的目标。

对于价值分析，我更加关注的是企业做这个买卖，是赚了钱还是没挣钱。这点恐怕是每个企业在订立合同之初都需要思考的。我的确见过企业不挣钱也做生意的，他认为这会给他带来广告效益，或者是基于某种任务。价值需要结合企业的生产、销售、售后等成本核算后才能得出结果。

4）风险分析

风险分析（Risk analysis）是要根据风险评估的结果，据此选择和实施适当的管理措施，尽可能有效地控制识别风险，从而保障合同有效实施。如有必要，应选择采取适当的控制措施，如取缔手段。

我们并不需要针对每个合同都积极地获取对方的信用信息，来规避商业风险，需要说明的是，我提到的商业风险可以狭义地理解为商业账款风险，关于技术、服务、运作等系列的风险不在本书的讨论范围之内。

我们需要去从外部规避风险，但是内部的风险预防也很重要，这里就需要对技术指标、交货时间等因素进行充分考虑，尽量让自己不违反合同约定，控制好内部风险。

通过上述介绍，对于定性指标、定量指标、价值分析、风险分析，我们发现前两个指标决定我们要不要做这个生意，后两个指标影响我们能不能做这个生意。

下面介绍这些数据是怎样被获取的。

1.2.2 信息采集的常规方式

互联网的发展使我们更加容易获取信息,获取信息的渠道相对以往而言显得更为便捷(见图1-9),成本也降低了很多。我们基于对赊销企业的尽调,或者并购、投资等其他因素所做的征信调查,其目的不一样的,调查的内容和评估的方法也悬殊。商业账款是基于合同产生的,合同可能是短暂的,可能1年就全部履行完毕所以我们更加注重的是定性指标;而并购、投资是基于合作产生的,这个行为具有持续性,可能需要数年才可以完成,所以我们更加注重的是定量指标。

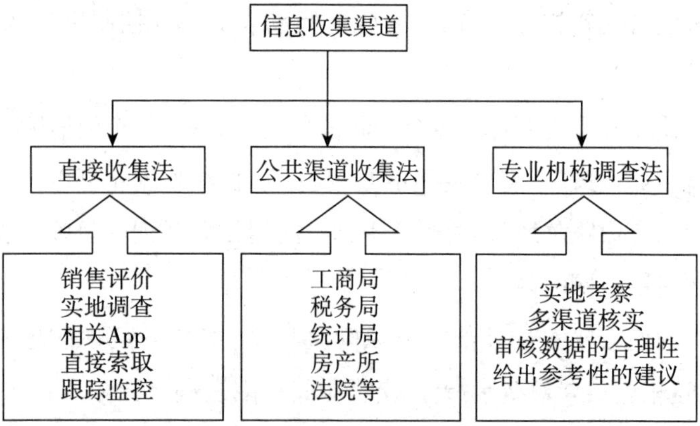

图1-9 信息收集的渠道

在定性指标、定量指标、价值分析、风险分析中,价值分析和风险分析是企业内部结合采购成本、技术能力、生产状况等做的自检行为,其数据来自企业内部。定性指标和定量指标是企业对目标客户进行的征信调查,这需要通过必要的方法才能获取。而我们之前也多次提到,定量指标价值权重不大,如果是基于其他目的获取的,之前也重点分析过,这里不再赘述。

我们可以使用第三方 App 来评估企业征信信息通过 App 可对企业定性信息进行基本了解。另外,我们也经常通过与同行的沟通或媒体获取信息。业务人员在订立一笔赊销合同时,常会走进客户的企业,这是个很好的机会,通过观察也是可以进行定性指标判断的。

实际上,数据本身的获取不是件很难的事情,关键是我们获取这些信息后如何去权重,也就是如何打分。接下来,我们具体介绍评估的方式。

1.2.3 信息采集的评估方式

(1)定量评估结果的计算过程(见表 1-5~表 1-9)

表 1-5 定量评估

评估内容 A	评估指标 B	权数 C	指标得分 D	分子项 E = C × D	分母项 F = C × 10	评估值 G = E/F
盈利能力	净资产收益率	8				
	总资产报酬率	6				
	销售利润率	7				
	小计	21				

续表

评估内容 A	评估指标 B	权数 C	指标得分 D	分子项 E = C × D	分母项 F = C × 10	评估值 G = E/F
资产营运能力	总资产周转率	6				
	存货周转率	3				
	应收账款周转率	4				
	小计	13				
偿债能力	资产负债率	8				
	流动比率	6				
	现金比率	7				
	小计	21				
成长能力	销售增长率	5				
	总资产增长率	5				
	利润增长率	4				
	资本积累率	3				
	小计	17				
经营规模	营运资产	5				
	利润总额	4				
	有形净资产	3				
	小计	12				
评估结果	合计	84				

表 1－6　定量评分示例

评估内容	评估指标	计算公式	高标准参照值	低标准参照值	权数
偿债能力	资产负债率	负债总额 ÷ 资产总额 ×100%	50%	92%	8
	流动比率	流动资产 ÷ 流动负债 ×100%	140%	90%	6
	现金比率	现金类资产 ÷ 流动负债 ×100%	20%	0%	7

表 1－7　定性评分示例

<table>
<tr><th>企业发展前景</th><th>评判标准</th></tr>
<tr><td>①是否有较好的项目：A. 有较多；B. 一般；C. 少；D. 不知道</td><td rowspan="3">①选 D 不能超过 2 项
②8 ~ 10 分，客户有完善的产品项目投资计划，预计发展速度高于行业平均水平
③4 ~ 7 分，客户有一些规划，规划尚未完全成熟，但希望很大
④1 ~ 3 分，客户没有好的项目和计划，未来效益不好</td></tr>
<tr><td>②用于购买产品的资金实力：A. 良好；B. 一般；C. 差；D. 不知道</td></tr>
<tr><td>③技术开发和人才储备：A. 良好；B. 一般；C. 差；D. 不知道</td></tr>
</table>

表 1－8　价值分析评分示例

<table>
<tr><th>利润率</th><th>评判标准</th></tr>
<tr><td>①产品单价：A. 高；B. 中；C. 低；D. 不知道</td><td rowspan="4">①选 D 不能超过 2 项
②8 ~ 10 分，利润率很高，超过正常水平
③4 ~ 7 分，利润率适中，可接受，正常价值水平
④1 ~ 3 分，利润率偏低</td></tr>
<tr><td>②其他客户相比价格高低：A. 高；B. 中；C. 低；D. 不知道</td></tr>
<tr><td>③在行业中本企业产品的利润率水平：A. 高；B. 中；C. 低；D. 不知道</td></tr>
<tr><td>④最后达成的利润率：A. 高；B. 中；C. 低；D. 不知道</td></tr>
</table>

表 1－9　风险分析评分示例

质量要求	评判标准
①客户对产品的质量要求是否明确：A. 明确；B. 无所谓；C. 含糊；D. 不知道	①选 D 不能超过 2 项 ②8～10 分，客户的质量要求完全可以实现 ③4～7 分，客户的质量要求我们能够满足，但存在管理风险 ④1～3 分，基本无法满足客户需求
②客户对产品质量的要求，我们能否达到：A. 能；B. 尚有欠缺；C. 不能实现；D. 不知道	
③客户对产品的质量要求是否苛刻：A. 合理；B. 一般；C. 苛刻；D. 不知道	
④本企业产品的标准化程度：A. 高；B. 一般；C. 较差；D. 不知道	

由于篇幅有限，本书针对四大评估体系只是分别摘选了某一子项目，每一个子项目都有对应的分值和文字解释。我们可以结合以上内容针对自己的企业做出适度的调整，无论是分值、评估的权重、评估的事项、评估的种类都可以作适合于自己企业的调整。

（2）定性评估结果计算过程（见表 1－10）

表 1－10　定性评估结果计算过程

评估内容 A	评估指标 B	权数 C	指标得分 D	分子项 E＝C×D	分母项 F＝C×10	评估值 G＝E/F
组织管理	股东背景及结构	6				
	经营者素质	6				
	组织结构	2				
	基础管理水平	3				
	员工素质	5				
	小计	22				

续表

评估内容 A	评估指标 B	权数 C	指标得分 D	分子项 E = C × D	分母项 F = C × 10	评估值 G = E/F
历史背景	注册情况	6				
	历史沿革	5				
	小计	11				
产品与市场	产品组合与新产品开发	4				
	市场占有率	7				
	竞争地位	5				
	品牌知名度	4				
	小计	20				
经营状况	技术装备	4				
	购销力量	8				
	小计	12				
企业文化与发展战略	企业文化	4				
	发展战略	6				
	小计	10				
发展前景	行业状况及前景	5				
	企业发展前景	4				
	小计	9				
评估结果	合计	84				

客户风险评估结果权重取值计算公式：

客户信用分析结果 = 定量评估结果 × 40% + 定性评估结果 × 60%

信用分析结果如表1－11所示。

表1－11 信用分析结果

信用等级	信用分析结果	信用评定	建议
AA	86～100	极佳	此类客户是好客户，并可给予优惠的信用策略；如果有一些特殊条款，可以充分满足，审批程序可以简化
A	70～85	良好	也是好客户，可给予比较优惠的信用策略；如果有一些特殊条款，可以适当考虑，按正常程序审批
BB	60～69	尚可	正常业务往来，按标准信用策略执行；如果有一些特殊条款，要按严格的程序审批
B	45～59	一般	不要放松客户管理工作，实行较紧的信用策略；尽量不赊销或额度较小，并要按严格的程序审批
C	26～45	欠佳	采用赊销方式时，必须有财产抵押和银行担保，否则不签约
D	10～25	不良	必须现款交易，否则不签约
NR	缺数据	不能做出评价	不建议

注：当定量评估结果与定性评估结果悬殊时，说明所获得的信息有水分，需要重新进行资信调查。

（3）价值分析评估结果计算过程和风险分析评估结果结算过程（见表1－12和表1－13）

表1－12　价值分析评估结果

赊销价值评估		赊销风险评估	
评估内容	评估指标	评估内容	评估指标
利润水平	利润率	客户的履约要求	质量要求
	订货量		交货期要求
市场吸引力	品牌效应		其他特殊要求
	社会影响力	担保条件	担保实力
竞争吸引力	对渠道的影响		担保意愿
	对竞争地位的影响		担保类型
交易前景	订货趋势	交易依赖程度	客户的可替代性
	客户前景		限制条件
	行业前景	环境风险	市场风险
			行业风险

表1－13　评估结果计算过程

评估内容	评估指标	权数	指标得分	分了项	分母项	评估值
利润水平	利润率	9			90	
	订货量	9			90	
市场吸引力	品牌效应	6			60	
	社会影响力	5			50	
竞争吸引力	对渠道的影响	8			80	
	对竞争地位的影响	5			50	

续表

评估内容	评估指标	权数	指标得分	分子项	分母项	评估值
交易前景	订货趋势	6			60	
	客户前景	3			30	
	行业前景	2			20	
价值评估结果	合计	53			530	
客户的履约要求	质量要求	8			80	
	交货期要求	5			50	
	其他特殊要求	3			30	
担保条件	担保实力	5			50	
	担保意愿	3			30	
	担保类型	6			60	
交易依赖程度	客户的可替代性	7			70	
	限制条件	4			40	
环境风险	市场风险	8			80	
	行业风险	5			50	
风险评估结果	合计	54			540	

对于任何一项评估并非一定是满分制，可以依据自己的实际情况适当的调整。我们都知道企业存在是为了获得利润，利润来自合作，但合作有风险，只要我们排除已知风险，就可以在不确定的风险中把控确定的风险，这笔生意做成的可能性就很高。

当对外评估的分值偏低时，可以通过提供保证、抵押等形式合作。当然，我们还要了解某个方面分值不达标的原因，此时我们关注的不仅是目标公司，还需要进一步调查目标公司的出资人背景等。另外,如果我们的技术不符合要求,是否可以通过外购、对外合作的方式来实现征信的目的呢?我们发现,征信过程就是排查风险的过程,也是自检的过程。我们不能因为这些图标、数据烦琐就想当然地与目标公司订立合同,这样会导致后期商业账款大量逾期乃至坏账率上升。

我相信正确的事情坚持做下去,就会形成习惯。

1.2.4 检验授信合理性

企业通过获取的征信调查信息打分,并根据决策授信额度。因为信用是动态的,存在不确定因素,有可能出现当初的授信额度存在偏差的情况,我们通过举例说明(见表1-14)。

表1-14 检验信用策略的可行性——边际分析法

条　件	数　据
使用目的	因库存多、意图延迟赊销期限
测算数据	1. 日销售额由300万元增加到380万元; 2. 坏账率损失由1.5%提高到2.5%; 3. 银行年利率预计10%; 4. 管理成本6万元,预计提升30%; 5. 利润为20%
账期调整	由45天调整为60天

计算过程如下:

边际利润 = (380 - 300) × 20% = 16(万元)

边际成本 = [300 × (2.5% - 1.5%) + (380 - 300) × 2.5%] + (6 × 20%) + [(380 - 300) × 360 × 60 × 20%] = 26.9(万元)

边际收益 =16 -26.9 = -10.9(万元)

结论:边际成本增加,本方案不可行。

主要原因:管理成本增加(见表1-15)。

表1-15 检验信用策略的可行性——净现值流量法

条　件	数　据
使用目的	增加产值
测算数据	1. 日销售量由400件增加到500件; 2. 坏账率损失由2%提高到3%; 3. 银行年利率预计12%; 4. 成本由50元/件降到45元/件; 5. 产品单价100元/件
账期调整	由45天调整为60天

计算过程如下:

30天的日净现值金额 =

100 ×400 ×(1 -2%) ÷(1 +1.5%) -400 ×50 =18,620(元)

45天的日净现值金额 =

100 ×500 ×(1 -3%) ÷(1 +2%) -500 ×45 =25,049(元)

结论:45天的日净现值大于30天的日净价值,本方案可行。

最后,我们来总结下本章内容,从三种企业征信管理模式,到企业依照产品、地区及当下经济形式和行业竞争情况制定额度计划。我们通过几种有效方式预测额度是否具有科学性,是否具有科学性又很大程度上依赖于我们收集来的数据。依照数据的特性将其分为定性和定量指标,这里且称为对外管理。由于风险的来源不限于外部市场,也存在于企业内部,出现了内部的风险测算方式,形成了价值分析和风险分析。

通过这 4 项综合指标,我们得出分数。这个分数并不是不可以变化的,它可根据信用条件、赊销价值等因素做适当的修正。

存在于商事活动中的信用策略,主要分为紧缩型、适度型和宽松型三种。在商业活动中,这三种策略没有绝对的好坏之分,我们需要根据企业自身的资金账款、信用管理水平、产品知名度、产品性能的稳定性等情况进行有效调整。实际中,有可能在一家企业里同时存在不同的信用策略,也有可能同一产品上存在着不同的信用策略。在经营过程中,我们需要依据客观情况来使用不同的信用策略。(见表 1 – 16)

表 1 – 16　综合性评估指标

影响因素	应当采取的措施		
	紧缩型措施	适度型措施	宽松型措施
经济状况	恶化	一般	增长
行业状况	萧条	一般	增长
产品市场	持久	一般	寿命短
回款周期	较长	一般	很短
销售利润	较低	一般	较高
财务状况	较弱	一般	较强
库存商品	较少	一般	较多
市场竞争	较少竞争	一般	激烈
生产水平	有限	一般	充分
企业发展	缓慢	正常	快速
信用状况	差	一般	好
市场地位	强	一般	弱
风险意愿	无意愿	较小风险承担	愿意

实践中的情况是信用人员在做出决策时,可能会让销售人员感到不安,销售人员以为信用人员阻碍了销售目标的实现。这就需要我们重新认识,其实销售人员与征信人员是一个互助、互信的团体,不分彼此,只是因为不同岗位职责产生了先后与主次的关系。当然,主导账款管理人员的先后和主次,也会随着商业账款的变化而随之调整。

图1-10和图1-11分别是信用管理人员和销售人员要做的工作,不难看出,似乎从合同开始的征信到后期的账款管理他们都要参与。我要说的是,销售人员是需要一个支持的。

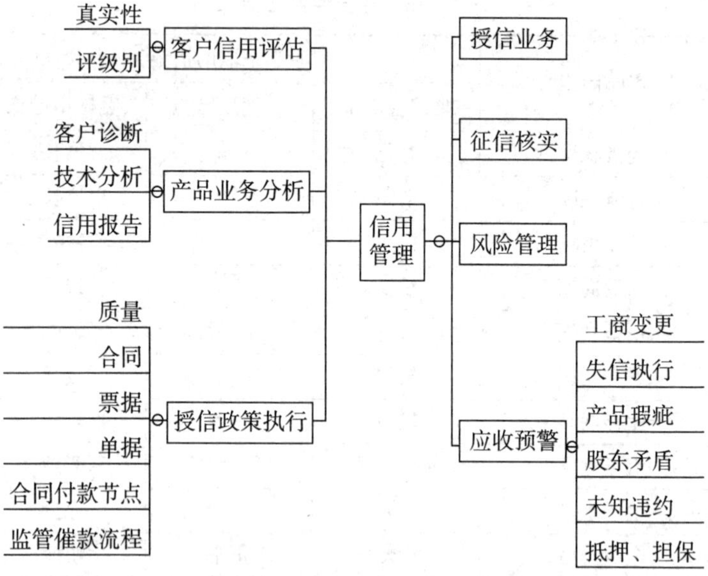

图1-10　信用管理人员工作职责

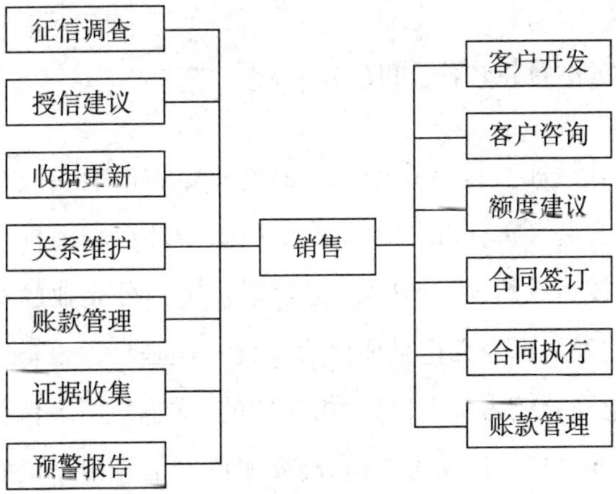

图 1－11　销售工作职责

我们应当善意地理解销售人员的坚持和良苦用心，遇到不符合赊销条件的时候信用管理人员不能一味阻挠对于不符合条件的需要耐心地解释，用数据、科学说服业务人员，从而避免损失。

管理账款需要在每个阶段都保持最好的状态，才能保证账款管理的有效性。

图 1－10 和图 1－11 分别表示销售人员以及信用管理人员在征信管理工作中各自需要承担的责任。无论是信用分析流程模块还是债权处置模块，可以看出销售人员具有的“天然属性”，这是销售的本职工作。既然是销售人员的本职工作，为什么又要信用管理人员介入呢？这是因为基于销售人员的“天然属性”为了促进销售，其有可能出现掩饰行为，而让信用管理人员负责账款管理的最前端，这是科学的模式。

1.2.5 案例背景(第二回合)

污水处理相关标准系国家强制性规定,如果企业、个人违反规定将承担刑事责任和巨额罚款。现阶段环保相关标准和法律规制体系较为成熟,且自20世纪末很多国内外企业已经聚焦于环保产业,发展至今无论是环保治理技术还是环保设备市场都很稳定,行业细分较为精准,与此相对应的,这也表明环保行业的竞争已然程度激烈。但无论如何,高质量的产品和科学的管理模式在所有领域都可以战败对手。

企业背景

A公司于2013年1月成立于苏州,主要生产环保机械,帮助解决企业污水排放不达标的难题,并于2017年开始生产环保试剂。公司的两位创始人均在行业内有超过15年的专业经验,一位负责技术开发、一位负责市场运营。公司先期投入5200万元,用于支付原材料采购、厂房租赁、人员工资等开支;2019年引进首轮资金3000万元用于研发产品、申请专利;计划2020年实现第二轮融资。

销售策略

A公司主要采取直接销售和代理销售的模式,主要客户群体为市政工程单位和私营企业。公司对于小型企业原则上采用现金交易,对于大型市政工程项目采用投标形式。公司没有详细的年度信用额度指标。据2019年年底统计,当年1.6亿元的销售额中 90% 来自华东地区,20% 的收入来自销售环保试剂(同比 2018 年增加 300%)。

A 公司销售部门有助理若干,平日负责合同、订单、发票等事务工作。销售人员负责项目投标,依照公司政策订立合同及客户信用评审。没有设立客户档案更新制度和评级习惯。同时,A 公司配有法务经理,负责征信管理。企业应收款与销售人员的关键绩效指标(KPI)严格挂钩,合同签订后的所有收款工作均由销售人员负责(包含逾期账款),销售助理和企业高层负责提醒和监督。

财务状况

公司成立之初,资金较为充足。经过 6 年的发展,客户类型增加,公司内部人员亦有变动。到 2019 年年底,公司财务数据显示尚有 4700 万元应收款未收回,占 2019 年年度销售额的 29.37%,其中账龄超过 3 年的占比 25%(1175 万元),账龄在 2 ~ 3 年的占比 35%(1645 万元),其余为账龄 2 年内的,约 1880 万元。欠款金额多为设备的验收款和质保金,单笔金额 10 万 ~ 200 万元不等,涉及约 80 家单位,其中有 30 余家仍有合作。

对此,提出以下问题:

(1)公司业务人员在收集客户信息时,需要重点关注客户的哪些信息?如果客户信息发生变化,何种情况下应预警?

解析:收集客户信息即对客户进行征信调查,其目的是预知和控制风险如果发现客户已经存在风险,固然不会合作。

预知和控制风险可以从定性、定量两个维度综合分析,通过评分的方式确定是否符合赊销条件。定性约占分值的 70%,定量占30%。定性分析的核心不是关注客户的规模，更多的是关注客户的经营状态、资质、诉讼记录、股东变化、注册资金增减、对外投资的风险等。

企业需要制定《客户信息更新表》，记录应收账款客户的征信信息，至少每半年更新一次客户信息，作为客户档案留存。这样可以有效应对客户征信情况变化带来的影响，如客户的采购人员离职等情况，做好更新和对接等工作。

(2)A公司客户的信用信息都由销售人员收集，这一做法会存在什么风险？如何有效规避风险？

解析：销售人员在业绩指标的压力下，不断拓展客户，希望尽可能多和快地与客户签约，这就可能导致客户信息数据被粉饰，无法控制风险。

笔者建议，将销售人员收集的客户信息作为基本资料，在风险评估中，销售人员对客户的评估占最终评估结果的一部分，由信用经理对这些信息进行二次评估。

我们通常将客户信息评估指标分为定性指标和定量指标，一般建议定性占比为70%，定量占比为30%。根据客户的涉诉情况、公司规模、股东背景、出资情况、人员变化等因素分配权重，再依照权重给出分值。同时还需增加一个修正值，也就是当评估的分数不符合赊销条件时，可以增加抵押、保证等担保来调整这个分数，确保不超出预设的赊销风险。

一般进行两轮评估，由信用经理做第二轮评估，主要针对第一轮评估的真实性展开，当出现差别较大的单项分值时，需要重点进行再次分析。

2. 合同控制流程

下文围绕合同控制流程展开分析，经过前期征信调查、评估、修正后，我们正式进入了商务合同履行阶段。我们已经知道了如何选择一个信用优质的客户，排除暂时性的外在风险，经过价值分析后，认为这笔订单是具有价值的，且合同履行对于企业内部而言是处于风险可控范围内的。

有人认为，在订立合同的初期，如果合同审批的程序过于繁杂，不利于开展工作；也有人担心，合同审批流程简化，合同不具有严谨性。而我们工作中有一部分重要的工作就是帮助客户评审合同。每一份合同内容中都约定了权利、义务，除了格式化的合同，合同都有常规内容，比如价格、标的物、交货方式、付款方式等，这些内容并不是我们可以修改的。那么，我们要审些什么呢？首先，我们要看合同是否公平、合同的缔约方是否具有订立合同的主体身份，合同的违约责任是否明确、付款节点、质量保证条款，以及违约后如何处理等问题。我们所做的是把当事人约定的违约情况进行细化，一旦出现违约，能找到对应条款，妥善应对。

我们审核合同的目的是促进双方成交，既然要促进成交就必然中立，不仅要考虑自己的利益，还要顾及缔约方的感受。对于一些不是原则性的问题是不会修改的，这样可以加快合同的评审速度。

合同到了评审阶段基本上是要签约的，律师需要关注的是公平性、合法性，以及对不置可否的条款做出限制性的约定。然而，我更加关注企业在订立合同前征信评估的工作，这与合同评审不一样，合同评审是结合征信信息以及价值评估做出的具体赊销工作，也就是说，决定是否给予赊销和赊销额度的事情。可想而知这样的工作是极其重要的，我们来了解下订立合同前授信流程是如何运作的（见图 2－1）。

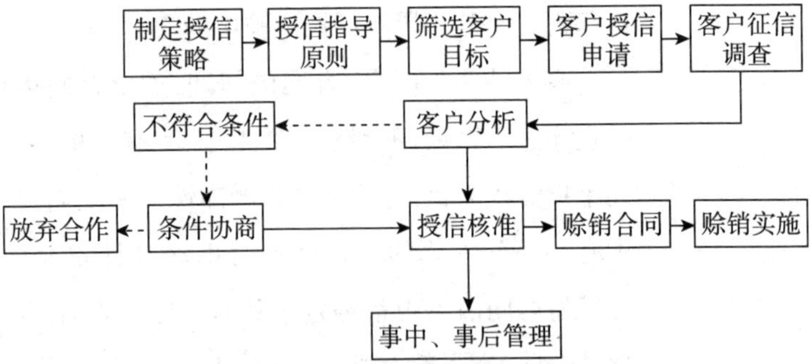

图 2－1　订立合同前的授信流程

在这之前，我反复强调企业需要制定一套标准来完成授信策略、目标客户的筛选。假设业务人员提交了一份订单，需要你的协助来完成授信工作,这就需要根据业务人员提供的初选客户评分表进行复核,如果经复核符合授信标准,就可按设定好的标准同意赊销。这是合同审核前期的一个重要环节,随后才由法务人员或者律师审核合同内容。

如果发现业务人员提供的征信信息存在问题,评估内容没有填写或者填写的真实性存疑,就应当让业务人员再次填写,并告知如何填写,甚至协助销售人员去填写。在完成这个工作的过程中,我们可能会发现一些客户是不符合赊销标准的,这时就要与业务人员说明拒绝的理由,而不能强势地拒绝,让业务人员失去信任,导致他们认为信用管理人员是阻碍销售的。我时常说,一名好的信用经理一定是协助销售人员实现更多的销售业绩,将不具备赊销条件的企业通过附加条件变为可以给予赊销额度的企业;将赊销额度不高的订单,提升为高额度订单。这样的做法可以给业务人员信心,也有利于企业发展,无疑是件好事。

当然,额度的增加是有条件的,可以采用提高定价,增加保证之类的信用工具。当业务人员提交的申请订单不符合赊销条件时,我们首先应当询问赊销企业是否可以增加抵押、担保等。或许这样对对方来说有些难,但我们从事生产的钱不也是通过融资渠道而来的吗?这些资金的成本不低,大多是抵押了土地、设备得到的金融贷款。我们给订单的赊销虽然不是直接货币,但也可以看作是货币的一种转换形式,这样的行为和贷款本质上没有区别,我强烈建议争取抵押等担保措施,而且,这些措施要在合作前期就确定好。

能争取到担保的订单当然可以赊销了,赊销的额度也应有所提升。但对于一些不符合条件的企业,我们就要进一步了解其详细情况。有人不理解法人和自然人的法律关系,企业是法人,不是我们所说的个人,自然人才是“人”,我们不能把法定代表人认为是“法人”,这是错误的。

企业的欠款原则上不能归属于自然人,我们去了解自然人有何意义呢?大多数企业在初创阶段,负责管理的自然人会直接影响企业的偿付能力。所以,我们要了解一家企业的实际控制人,也就是自然人。这可以使我们在大概率范围内避免小错误的发生,也有利于企业销售工作的展开。

通过合同申请、审核、复核程序后,原则上就可以签订正式合同了。

2.1 订立合同

2.1.1 条款设置

在讲合同条款设置之前,我想说说合同订立时比较重要的两个问题:首先是合同是否成立;其次是合同是否生效。这是两个完全不同的法律基础概念,成立是双方意思表示一致的表现,而生效是以有法律效力为基础的。

关于合同是否成立,要看双方意思是否一致。意思是否一致要看合同是否有印章或签字,一旦有了印章或者签字就意味着合同是成立了。当然,我们知道除非有特殊约定合同成立的时间是依最后签署一方的签字时间为准的。

关于合同是否有效,我们先排除订立合同人的权限以及印章真伪等问题,可以把合同生效分为立即生效、待生效状态。立即生效很好理解,就是合同签订后,合同的缔约方开始履行合同,这个我们不是讨论的重点,重点是待生效状态。

待生效状态又分为将来生效和将来不生效两种情况。

将来不生效的情况也是我们评审合同时最关心的问题。我总结为两种常见的情况:一种情况是签订的合同违反了法律的规定,导致合同无效。这是有明确规定的,我就不一一列举了。既然是无效就是自始无效且最终无效。另一种情况是在双方缔约过程中,针对合同的生效做出了限制性的约定,如专利成果、特殊资质、技术实现等特定条件,一旦这些条件成就,合同才能生效,反之合同不生效。

将来不生效多是因为合同需要权利人的追认,以及合同存在撤销的因素,导致合同将来不生效。为什么会发生合同可以撤销或者解除呢?这是因为在订立合同时附加了条件。所谓附加条件就是因为担心自己将来因为种种原因不能如约履行合同,又不承担违约责任而设置的条款。通常我们会附时间、附条件、附批准登记等情况。

记得 2022 年,有一家单位一处让我给他们评审一份投资合同,大意是要在宁夏投资一个矿产,合同关于标的物的描述很清晰,对产量做出了预估,支付投资款的方式也作了详细的计划。看到这份合同时,我的第一反应是假如出现违约,会涉及哪些关键条款呢?矿产已经通过专业机构进行了评估,即使不达预期风险也可以承受;投资款也没有问题,做了充分的准备,只要合同订立就可以付款。随后,我又深入地与委托人沟通,问及生产是否需要政府的相关批准文件时,委托人表示这是能否开矿最重要的因素,要是没有相关许可证那就是非法开采,投资必然会失败。说到这里,我们就明白了,合同的核心应该是开矿许可证,那么,我们就应对此做出关键性的设置,使这个合同虽然成立,但在未取得相关资质的情况下不生效,或者是分阶段生效,合同的生效条件即为取得开矿许可证,办理许可证的费用需要合同相对方先行支付,投资款待许可证取得后支付。果不其然,合同订立后矿业发生了政策性改变,经过 3 年合同相对方也未取得许可证,委托人也一直没有支付投资款,但因为合同并未生效,自然也不存在违约问题了。

2.1.2 要约与承诺

合同缔约过程中,原则上要经历两个阶段:其一为要约,其二为承诺。

要约是一个法律专业名词,简单地说,就是你要买或卖一种产品,你就要做出想买或想卖的真实意思表示,既可以是书面的,也可以是口头的,都有效。当你做出上述行为后,目的是成交,而对方做出买或卖的表示的,这种表示就是承诺。

要约和承诺并不是孤立的,有时候会在缔约多方之间往复,这就是缔约过程。

我不过多地说合同法的原理,大家能明白到要约和承诺具有法律效力就可以。例如,有的合同条款表述为,卖方将货物送至买方后 5 日内,买方就接受的货物未提出书面瑕疵的,视为产品符合合同约定。大家认为,这样的条款是否有效?只要双方有签章,这样的条款自然是有法律效力的,因为双方认可这个条款。这个问题不难理解,但有的企业会在订立合同后给对方发出函件,大概意思是本公司与贵司订立合同项下货物已经交付,贵司收到本函后 5 日内若不提出书面瑕疵就视为验收合格。收到函件一方也不回复。大家认为这样的函件是否发生法律效力呢?这当然是没有法律效力的。

说到这里,我们清楚了两个重要的问题:第一,合同成立了也可以不生效,因为我们担心合同的关键内容不能实现,所以我们会设置条款来约束合同的生效。第二,对于合同的成立,要经历要约和承诺两个过程,具有法律约束力的条款需要双方的真实意思表示,并不是单方做出一个意思表示就可以形成的。

由于篇幅限制,在此不对上述专业名词做出更多的解释,大家只要注意在订立合同时首先要考虑的问题就是风险,而风险的关键性条款是哪些,就依照上述逻辑去推导,必然可以审好合同,而不是一味地就合同本身的文字表述纠结。

2.1.3 案例背景(第三回合)

甲公司于 2019 年在西安市成立,其主要股东为两个法人,一是在港交所上市的北京某环保股份公司,二是国有性质的西安某设计研究,其主要为市政工程进行项目设计。2019 年年初,甲公司处于初营建设阶段,采购部门进行了多种采购,签订的采购合同涉及设备购销合同、承揽加工合同、融资租赁合同、工程建设合同等;人力资源部门签订的合同涉及劳动合同、劳务合同、人力外包合同等;财务部门签订的合同涉及贷款合同、借贷合同、担保合同、抵押合同等。

2019 年 2 月,生产部门需要采购 20 台空压机流水线,金额 1000 余万元。由于公司刚刚建立,资金尚未完全到位。2019 年 2 月 5 日,甲公司向上海的 3 家生产企业发函,内容为“我们近期需要采购 20 台流水线,型号为 SL 型,请于 2019 年 2 月 8 日前反馈”。3 日内两家公司有回复,A 公司于 2019 年 2 月 7 日回复:“来函知悉,我们尽快洽谈”;B 公司在 2019 年 2 月 8 日回复:“20 台流水线 1180 万元,价格 10 日内有效”。甲公司收到 A 公司和 B 公司的回复后,于 2019 年 3 月 1 日对 B 公司复函:“我们计划于 2019 年 3 月 15 日到贵司考察,商谈合同事项。”2019 年 3 月 15 日甲公司与 B 公司商谈后确认,由于钢材价格上浮,20 台设备的价格为 1200 万元,并拟签订买卖合同。

甲公司与 B 企业的买卖合同中的重要条款为:

(1)收到货物后,由卖方开票,买方于 15 日内支付全款的 60%,验收合格后支付全款的 30%,剩余 10% 为质保金,于 1 年后支付。

(2)合同生效以“某某软件测试完成”为条件(该软件是整个项目能否顺利展开的基础)。

(3)发生争议可以向法院起诉也可以向仲裁委提起仲裁。

(4)卖方延迟发货的,买方有权主张卖方按合同标的额的

1‰/月支付违约金。

(5)合同需要变更的,一方应当及时告知对方,对方应及时反馈。

2019年3月15日,该买卖合同在B公司盖章签字后,由甲公司带回。甲公司于2019年3月20日盖章后将合同邮寄给了B公司。2019年5月1日,甲公司电话告知B公司合同项下的板材尺寸需稍作调整。2019年5月10日,甲公司再次告知B公司送货地址变更。2019年5月20日,B公司按照甲公司电话告知的地址,将货物交付承运人,甲公司向B公司支付了720万元的承兑汇票,承兑汇票经过10余次转让。依照合同约定,B公司交付货物后15日内应当组织验收,但由于甲公司现场条件不符合要求,迟迟不能验收。直到2019年10月1日甲公司也未明确告知验收时间。未验收合格导致30%的验收款迟迟不支付。B公司无奈安排其销售经理到工程现场索要货款。

对此,提出以下问题:

(1)买卖合同应当包含哪些主要条款?

解析:买卖合同的主要条款包括:买卖双方的名称或者姓名(身份信息)、住所、联系人、联系方式;标的物名称、规格、型号、生产厂商、产地、数量及价款;质量要求;包装方式;交货的时间、地点、方式;检验标准、时间、方法;结算方式;违约责任;解决争议的方法;其他条款。

(2)案例中的买卖合同成立时间和生效时间各是什么?

解析:该买卖合同中规定,合同生效以“某某软件测试完成”为条件,所以软件未测试完成,则合同不能生效。这实则是附生效条件的合同。合同成立的时间为 2019 年 3 月 20 日,依照合同缔约方最后一方盖章或签字的时间为准。

(3)该买卖合同的约定和履行中存在哪些疏漏?

解析:①合同争议解决方式中的"仲裁",由于没有明确具体的"仲裁委员会",该约定无效。

②案例中提到甲公司变更了货物规格、交货地点,这些均应书面告知对方。

③卖方的开票义务基于买方正常付款才能履行,当买方不能如约支付货款时,卖方可以变更先开票义务,以防发生不必要的税务损失。

④迟迟不予验收导致不能收取验收款,对此,应预设合同条款,通过催告函的方式催告验收,或者约定收到货物后 × 日视为验收合格等条款。

2.1.4 商务合同评审关键性条款

企业在合作之前会订立合同,合同的关键性条款尤为重要。我认为,无论是律师还是企业的法务人员评审任何一个合同,其目的都是希望缔约成立且生效,而不是一味追求自身的立场,最后得不偿失。

记得几年前我随一位客户去沟通合同,在去的路上委托人再三强调让我不必抠字眼,没有什么原则性的问题就同意对方的要求。因为这是他第一次与我合作,不了解我处理问题的方式,但我是能感受到他签订合同的迫切心情的。

既然要评审合同，那么就必须了解合同可能违约的情况有哪些？我不对合同注解、行业术语、司法解释做出更多的说明，大家可以参阅其他书籍，我仅对于这些年来我在法庭诉讼和庭下调解过程中遇到的典型条款逐一与大家分享，这样会更加有针对性。

(1)关于当事人

当事人是合同缔约双方或多方的合同主体，或是自然人或是法人。需要注意的是，如果是自然人，一定要将个人身份信息写清楚，个人信息包括身份证号码、住所地、居住地；如果是法人的，需要写清楚法人的注册地、实际经营地或者通信地址，被授权人以及联系电话。这样做的目的是如果以后发生法律纠纷可以顺利推进诉讼进程，自然人有了身份信息就可以成为适格被告，有列明地址法院司法文书就可以直接送达。当然，我们在合同的主文中要对此做特别说明。在实践中，我们还会在协议中特别注明签收货物人信息、司法文书送达地址，这样可以免去公告送达的时间。

例如，有案件中，原告向被告提供化工原材料，合作了较长时间，但对于这种周期短、交易频繁的交易行为，我一般建议应勤于对账，不要追求一年一次对账或者一月一次对账，只要你认为账目不清，随时可以对账。另外，通过对账也可以了解债务人的付款意愿。大家知道很多企业不愿意对账，原因就是担心会有诉讼的风险，这显然不是好的客户。

就像这个案件，几年来从未对过账，涉及数十万元的货款。委托人若是放弃货款，又不舍得。无奈之下起诉到了法院，起诉的材料多是些收货单，签的订单也很不规范。庭审之前，对方律师告诉我本次案件庭审的送货单都是伪造的,我难以相信。当对方律师把签收人的劳动合同给我看时,我才发现收货单上的签字明显与劳动合同上的笔迹不一样。

随后,我与委托人进行了核实,委托人表示签收单上的签字确实是假的,而实际签字的人是物流公司的司机。为什么司机要在单子上签字,还模仿被告公司收货人的笔迹呢?实际上,司机是为了结算运输费用。委托人认为送货单上签字很重要,所以就要求司机必须凭签字后的送货单才可以结算运输费用。可是司机又很忙,没有太多的时间去等,就只有自己签字了。

我们其实不难发现自己企业内部哪些问题是重要的,但我们常常又不知道分辨这些事情的价值。就好比这个案例,委托人知道送货单重要,但是没有制定核实单据真实性的规则,这个工作不应当让司机来做,而且企业也应定期进行对账。这些措施可以直接解决这个案件中的问题。可见,只要能养成习惯,我们就可以有效避免类似的事情发生。

(2)关于标的物

标的物是合同的核心内容,所有的条款都是围绕着它而产生的。我们需要对标的物的型号、规格、数量、价格等关键性指标作出清晰描述,对于技术服务、产品参数可以采用附件形式。另外,合同中的价款需要特别备注价格和计价方式,对于运费、安装、人工、税费等也应当明确说明。

需要注意的是,缴纳税款是每一个公民应尽的义务,在合同中不应出现“不开票”“未含税价”等表述。有的企业认为,只要双方意思一致就可以不开票,以节约成本。如果在合同中没有明确的约定，对方可能会反悔，以免产生纠纷。对此，笔者建议在合同中对税费的承担方作出明确约定，即使之后发生纠纷，也有判决的依据。

这里还有一个问题，产品标的物型号始终是唯一的，除非另有文件说明，在履行合同的过程中不应当出现送货单、签收单、调试单等与合同上的型号不一致的情况。

(3)关于付款方式

付款方式一般要遵循行业标准，而不是一意孤行地按照企业标准，结合自身产品的价格和质量来设定，一般不会有错。尤其是有些订单是通过投标的方式取得的，在付款方式上没有修改条款的主动权，当然对于不能接受的原则性问题，招标单位一般会考虑到的。

需要注意的是，合同的每一个付款节点都需要做出详细的约定。比如，到货后、验收合格后、竣工结算后××天内支付货款；又如，在快速消费品行业中，大多采用月结或见票后××日内支付货款；再如，采用签收货物后×日内支付等。无论如何都要在合同中明确付款时间，以便确定具体的合同义务。

我们进一步分析这个问题，约定付款条件是为了依照签收后或验收合格后或质保期满后等情况来支付货款。这是付款的前提条件，那么，如何判断这个前提条件是否形成呢？也就是说，签收后的证据是否足以支撑付款条件呢？如签收人员身份的确认、签字笔迹的真伪、送货内容是否与合同约定一致、送货单具体数量是否明确，以及送货单本身作为证据的表现形式是否符合证据规则，这些能否作为证据使用等问题，这就要求我们进一步理解付款方式约定的真实意义,而不只是简单地挑毛病。

如建设工程类合同中,一般依照项目的进展支付工程款,需要注意的是,支付工程款的节点需要与工程量的确认保持一致,这个"工程量的确认"是非常重要的,如果很难确认的,就是我们在后文"阻却事由"中重点做出说明的内容。

此外,合同中还要明确支付方式,是承兑还是电汇,承兑是否存在贴息,贴息的费用由谁来承担等,这些也是容易产生争议的问题。

(4)关于产品质量

产品质量是支付账款的重要前提条件,质量瑕疵会导致账款不能如期支付。一个项目、一套流水线设备、一项工程可能存在很多供应商,有时会出现第三方原因导致配套措施不符合约定,整个项目停滞,甚至合同无法继续履行的;还有可能随着设备、材料等使用时间越来越长出现问题,导致实际情况与合同约定不一致,这时可能就会涉及违约问题了。

(5)关于履行地点、时间、方式

交付货物的时间和地点都要在合同中明确约定,但实践中可能会出现合同中约定的地址与实际签收地不一致的情况,也就是异地交付的情况,这需要我们在合同中作预先安排。

比如,某案中被告住所地在合肥,实际施工地在河南,合同签订后原告依被告要求将货物发到了河南,但收货地没有人签收,由于被告在合肥不能签收和看管,后来货物不知去向。诉讼中,被告的答辩理由是自己没有见过货物,所以不予支付货款。有合同,但是没有送货单等证据,这让审理法官很难判断是否履行了交付货物的义务。这种情况下,合同条款中关于交付地点的约定就极其重要。好在委托人在证据管理方面比较有经验,货物是通过第三方物流公司送达的,找到了当初送货的记录,虽然没有收货人签收,但是通过物流公司送货的事实大概率可以认定原告履行了交付货物的义务。

上述案例中,假如是原告自己送货上门的,那就没有了第三方的物流记录作为证据,不是吃了"哑巴亏"?当然,被告是否真的没有见到货物也存在疑问。笔者建议,合同中不仅要约定交付货物的地点还应明确约定接收货物的人员。

此外,需要注意的是,签订合同以后对于变更了交货地址的情况,一定要及时出具书面文件,以免发生不必要的纠纷。如疫情期间,很多合同履行中出现了延迟交付货物的情况。这也不难理解,我们称为不可抗力。可有些企业顺着这一理由无端拒接货物,真实原因是疫情影响了原有的项目,其所购买的货物不再具有价值,使很多生产者不知所措。对于此种情况,其实处理方式很简单,只需要向对方发催告函,依照合同约定交付的时间向对方发货。有的人会问,这样做的意义是什么呢?这样做最大的意义是不会违约。实际中生产的产品可能是非标的,对方或许支付了定金,但不足以覆盖成本,对方定了货物迟迟不提,不仅占用了仓储空间还占用了资金。又如,在合同履行过程中,到了交货期还没有发货,而没有发货的原因是对方导致的,如车间没有建设好,暂时不符合安装条件等,这些都应属对方违约。本来是对方的责任,但因为没有发过关于提取货物的催告函,就不能证明已符合交货条件了。

催告程序是尤为重要的。在合同订立时,笔者建议,可以这样设置合同条款:“卖方在发货前3日内以书面形式告知买方发货情况。若卖方发送了告知函,买方认为需要暂缓发货的,应当以书面形式回复,否则视为同意买方发货。”这样就有了主动权。否则,企业就会陷入被动。

(6)关于违约责任

缔约各方都可能承担违约责任,我们需要分析发生违约的原因以及违约后如何有效应对。

从合同标的物的详细描述到货款的支付方式,以及前文提到的如何履行交付义务,其中较重要的是签收单的收集、送货地点、产品的质量变更等的内容,当然下文还会针对具体的变化做出更加详细的说明,目的就是把所有对于管理商业账款有障碍的事由都提前排除,让回收账款不再具有定性方面的阻力。

很多人不了解什么是“定性方面的阻力”,更不清楚哪些理由属于“定性方面的阻力”。我先提出一个新的概念,我们在做账款管理过程中是否可以成功地管理好账款,实际上取决于两个重要的因素:一是定性指标,二是定量指标。定性就是之前所列举的各种原因导致的违约的事由,定量是指企业实际上无力偿付,通常是出现企业被吊销或破产等情况。

笔者对于定性的理解是意愿的缺失,为什么是意愿缺失呢?一家企业如果拖欠了货款,为什么不主动偿付呢?排除定量无力偿付的原因外,那就剩下定性了。

对于不良账款形成原因以举例说明。笔者的一家顾问单位主要从事机械生产,企业负责人是典型的技术出身,缺乏管理销售市场方面的能力。生产中,一套设备很难完全符合所有的技术指标,如果隔一段时间再去验收就更难完全符合技术指标了。企业因为生产需要采购其他的设备和原材料以及不正确的操作方式等都可能导致产品不符合要求。为此,我们能怎么做呢?

依笔者来看,按照以下方式解决比较合适:首先,买方对产品质疑时,卖方应当即刻处理,就处理的结果做出书面解释。这样做一是为了回应,二是为了准备证据。其次,卖方对质保期一定要有兜底条款。我们管理账款中不是有很多付款的条件是基于验收、调试合格、质保期等的吗?这些条件没有达标,就不具备付款条件。合同讲究的是意思自治,订立合同的时候愿意接受这个条款,就可以。但如果签收货物以后,买方就是长时间不调试,不验收,质保期怎么算?有没有什么好的办法?自然是有的。我们通常会约定收到货物后的一定期限内视为验收合格。这个约定不能没有,也不难约定,1 个月不行就 1 年,1 年不行就 2 年,只要能接受就可以。

关于违约纠纷中的违约金,一般与定金有关《民法典》规定不得超过主合同标的额的 20%,就依照定金罚则来处理。有的协议没有约定定金,就依照违约金来处罚,约定违约金不宜过高或过低。当定金和违约金都符合的时候,我们择其一即刻,法院不会两者都支持。

既然违约金可以约定,我们可以事先设定自己可承受的范围,如“合同总额的 5%”,设定违约赔偿范围来控制违约责任,这样即使我们所提供的产品出现了难以预料的损失,赔偿的范围也可以被控制住。

(7)关于争端解决方式

合同发生纠纷,双方多次沟通无法达成一致,比较常见的是产品质量瑕疵责任的归属、违约责任的先后、履行能力的缺失等。

解决纠纷的方式主要是起诉或者仲裁,这两种救济方式在我国《民事诉讼法》中有详细的规定。在此我简单说明一下诉讼与仲裁有什么不同。

诉讼是法院审理案件,包括立案、审判、执行等程序。法院审理案件存在一审和二审,民事一审案件有15日的上诉期限,双方当事人都可以提起上诉,上诉后案件就会进入二审程序,二审也就是终审,一旦做出二审判决即刻生效。而仲裁不存在二审,是一裁终局的,做出仲裁裁定后即刻生效,生效后不履行可以申请执行。

从审理费用和公开程度来看,诉讼案件的受理费要比仲裁费低些,每个地方规定的仲裁费用也有区别,这和仲裁制度有关系,仲裁机构不属于国家司法机关。诉讼案件除非依照法律规定不予公开的,都要公开审理。仲裁就不一样,仲裁是不公开审理,仲裁裁定也予以保密,很多企业不愿意让他人知道存在纠纷的情况,就选择了仲裁。

我们在审查合同时,也比较关注争议解决条款,通常会约定起诉到法院的,诉讼费、律师费、交通费一并由败诉方承担。如果合同条款中没有注明这些内容的,法院一般不会支持。

另外,对于诉讼文书送达地址的约定也很重要。现实中法院因为被告送达地址不明,导致不能送达,从而延误了案件审理,所以合同中需要说明司法文书送达的有效地址。

对于诉讼或者仲裁的管辖地又如何约定呢？这是合同订立时就需要约定的。管辖地似乎是首当其冲需要我们考虑的，除专属管辖外，主要还是从便捷方面进行考虑。《民事诉讼法》也有详细的规定。

关于管辖还要注意，在实践中，有时管辖地虽然约定了，但可能会因为合同的特殊性质导致约定的管辖无效。比如，工程施工合同、安装合同、加工合同等较容易出现类似的情况。但如果合同的法律关系主要是卖产品，只是附加了调试、组装义务，而你在不知情的情况下将合同的名字写成了"安装合同"，这可能会导致法院无法准确判定案件的管辖地，很大概率会按专属管辖处理。

关于合同中的约定争议解决方式，我没有对法律规定作过多解释，只是从现实操作上作了梳理，希望对大家有些帮助。

(8)关于合同的附件

在订立合同时因为合同的技术指标、货物清单、担保书、履约保证书等内容较多，放在合同主文中会显得篇幅太长，但这些内容又非常重要，那么就可以用附件的形式将它表现出来。

附件与合同主文具有同等法律效力，这通常会在合同主文中表述的，而且一般会就附件的性质做出必要性的描述。

附件的形式主要有两种，一种是现实存在的，即合同订立时一并签订附件；另一种是以后形成的，合同履行到了一定的阶段，由于主体或者主要内容发生了变更，可以以附件的形式作补充。这两种情况都经常发生，后者我一般称为"变更函"。

附件如果涉及合同标的物所涉技术指标，就需要将附件指标所涉产品与合同主文所列的产品匹配,也就是我之前说的要让外行人看明白这是一个什么样的产品,而不能认为自己清楚就行。尤其是在诉讼中,当合同中约定的产品与附件产品名称不一致时,法官总是会问,解释起来也耽误时间。

比如,有个案件涉及集成电路项目,整个合同由合同主文和技术文件构成,技术文件是以附件形式表现的。双方因买卖合同发生纠纷,被告拖欠货款没有履行,原告起诉到法院要求其支付。在庭审中,被告认为合同货款确实没有支付,其没有支付的原因是合同项下的支付条件尚不具备。法庭以是否符合支付条件为焦点进行了审理。按合同主文约定项目验收合格后 30 日内支付货款,由于业主方资金短缺,项目暂停长达 3 年,显然没有完工,自然也就不存在验收的情况。而合同附件中技术指标的表述是:"所提供产品只要与项目所使用第三方的软件对接成功,就应当视为验收合格。"这个第三方提供的软件是项目中重要的一部分,而原告提供的产品确实与第三方软件进行了对接。

这里出现了两个关于验收合格的说明,哪个是有效的呢?合同主文与附件有不一致的情况,一般应当以主合同为准。因为合同附件是用来解释主合同的,但要服从主合同约定。可以约定"本合同项下附件的内容与主合同不一致的,以主合同为准";当然也可以约定"本合同项下附件的内容与主合同不一致的,以附件为准"。

没错,这都有法律效力,这是以意思自治为原则的。有约定,遵约定;无约定,遵习惯。

附件的有效形式与主合同没有本质上的区别,都需要盖章、签字,有明确的缔约主体和签订的具体时间。这样我们就明白了附件存在的意义、附件表现形式以及附件法律效力。

2.1.5 案例背景(第四回合)

甲公司于2019年在西安市成立,其主要股东为两个法人股东,一是在港交所上市的北京某环保股份公司,二是国有性质的西安某设计研究,其主要为市政工程进行项目设计。2019年年初,甲公司处于初营建设阶段,采购部门进行了多种采购,签订的采购合同涉及设备购销合同、承揽加工合同、融资租赁合同、工程建设合同等;人力资源部门签订的合同涉及劳动合同、劳务合同、人力外包合同等;财务部门签订的合同涉及贷款合同、借贷合同、担保合同、抵押合同等。

2019年2月,生产部门需要采购20台空压机流水线,金额1000余万元。由于公司刚刚建立,资金尚未完全到位。2019年2月5日,甲公司向上海的3家生产企业发函,内容为“我们近期需要采购20台流水线,型号为SL型,请于2019年2月8日前反馈”。3日内两家公司有回复,A公司于2019年2月7日回复:“来函知悉,我们尽快洽谈”;B公司在2019年2月8日回复:“20台流水线1180万元,价格10日内有效”。甲公司收到A公司和B公司的回复后,于2019年3月1日对B公司复函:“我们计划于2019年3月15日到贵司考察,商谈合同事项。”2019年3月15日甲公司与B公司商谈后确认,由于钢材价格上浮,20台设备的价格为1200万元,并拟签订买卖合同。

甲公司与B企业的买卖合同中的重要条款为：

（1）收到货物后，由卖方开票，买方于15日内支付全款的60%，验收合格后支付全款的30%，剩余10%为质保金，于1年后支付。

（2）合同生效以“某某软件测试完成”为条件。

（3）发生争议可以向法院起诉也可以向仲裁委提起仲裁。

（4）卖方延迟发货的，买方有权主张卖方按合同标的额的1‰/月支付违约金。

（5）合同需要变更的，一方应当及时告知对方，对方应及时反馈。

2019年3月15日，该买卖合同在B公司盖章签字后，由甲公司带回。甲公司于2019年3月20日盖章后将合同邮寄给了B公司。2019年5月1日，甲公司电话告知B公司合同项下的板材尺寸需稍作调整。2019年5月10日，甲公司再次告知B公司送货地址变更。2019年5月20日，B公司按照甲公司电话告知的地址，将货物交付承运人，甲公司向B公司支付了720万元的承兑汇票，承兑汇票经过10余次转让。依照合同约定，B公司交付货物后15日内应当组织验收，但由于甲公司现场条件不符合要求，迟迟不能验收。直到2019年10月1日甲公司也未明确告知验收时间。未验收合格导致30%的验收款迟迟不支付。B公司无奈安排其销售经理到工程现场索要货款。

对此，提出以下问题：

（1）如果B公司需要甲公司做出保证，最有效的保证方式是什么？

解析：保证的方式有两种，一是一般保证，二是连带保证。一般保证的显著特征是具有先诉抗辩权。也就是说,在债权人没有向债务人追索债务的前提下,不可以直接请求保证人承担保证责任。连带保证则不存在先诉抗辩权。

在合同中订立保证条款时,不仅应注明是一般保证还是连带保证,还应明确保证时间、保证金额。

(2)该买卖合同约定的违约金是否过高?何种方式可以避免违约金过高行为?

解析:该合同中约定的违约金为月息1‰是不高的。约定的违约金不超过损失30%的,得到法院支持的概率会更高,可以按照这个标准设置合同的违约金金额。

(3)合同履行过程,甲公司对产品规格、交付地点均作了变更,B公司是否存在风险?如何预防相关风险?

解析:案例中提到的买方变更交货产品规格和交货地点,均应以书面文件告知。如果没有书面告知,未来会有发生法律纠纷的风险的可能。在这种情况下,卖方可以实际履行与合同约定不一致作为抗辩理由。

很多时候,由于合同缔约方关系比较好,合同履行过程中可能会出现口头变更合同主要内容的情况,如变更产品规格、收货地址、技术参数等,但这种做法是不符合企业管理规范的。正确的做法应是由提出变更的一方出具书面变更的要求和内容,接受变更的一方应保存好该书面变更文本,作为合同内容的一部分。

2.1.6 商业合同中保证的作用

担保是管理商业账款过程中使用比较多的一种保障方式,包括定金、抵押、质押、留置和保证,这是我国《民法典》规定的,俗称“五大担保”。

定金,是指当事人双方为了保证债务的履行,约定由一方当事人先行支付给对方一定数额的货币作为担保,定金的数额由当事人约定,但不得超过主合同标的额的20%。定金合同要采用书面形式,并在合同中约定交付定金的期限,定金合同从实际交付定金之日生效。债务人履行债务后,定金应当抵作价款或者收回。给付定金的一方不履行约定债务的,无权要求返还定金;收受定金的一方不履行约定的债务的,应当双倍返还定金。当事人既主张约定违约金,又主张定金的,一方违约时,对方可以选择适用违约金或定金条款。

抵押,是指抵押人和抵押权人(债权人)以书面形式订立约定,不转移抵押财产的占有,将该财产作为债权的担保。当债务人不履行债务时,债权人有权依法以该财产折价或者以拍卖、变卖该财产的价款优先受偿。

抵押是借款合同的一个重要内容,有抵押物时,银行放款的安全性将提高,但同时借款者的成本也会增加,借款者愿意向银行支付的利息也会较低,对银行来说其收益未必增加。当借款合同出现违约时,出借人可以依法处置抵押物。抵押物,是指为担保某项债务的财产。抵押合同,指债权人与抵押人之间订立的,确认抵押关系的书面协议。

抵押也用于金融衍生工具交易中的信用风险管理,通常的抵押条款都要明确在特定账户内必须维持的最低金额。期货市场的保证金就类似抵押,柜台交易的衍生工具经常使用现金或高流动性、低风险证券作为抵押。

一般来说,债务金额更大的一方会被要求提供抵押品。如果合约对 A 为正值、对 B 为负值,而 B 欠 A 更多,则 B 就要提供一定抵押物。抵押金额随市值上升而上升,随市值下降而下降。如果市值由正变负,要求提供抵押的一方会发生变化,就会解除原来的抵押。

抵押金额的确定可以基于合约的市值水平,也可以基于信用评级,市值或信用评级发生变化也会导致抵押发生变化。大多数商务活动都不具备抵押的前提,假如不属于抵押,那么就应该算是信用赊销,这种行为相对于抵押而言风险自然加大了很多。

质押。质押财产称为质物,提供财产的人称为出质人,享有质权的人称为质权人。质押担保应当签订书面合同,质押合同自成立时生效(区别于以往认为质押合同是实践合同的观点,新的观点认为质押合同是诺成合同),质押合同的内容与抵押合同的内容基本相同。

质押分为动产质押和权利质押两种。动产质押,是指可移动并因此不损害其效用的物的质押;权利质押,是指以可转让的权利为标的物的质押。

动产质押的质权人因保管质物不善使之灭失或毁损的,应承担民事责任,在可能造成灭失或毁损质物时,出质人可以要求质权人将质物提存或提前清偿债务而返还质物,而质权人则可以要求出质人提供相应的担保,出质人不提供的,质权人可以对质物拍卖或变卖后用于优先受偿或者与出质人约定的第三人提存。

质权人对权利质押载明兑现日期或提货日期的各种票单日

期先于债务履行期的，可以在债务履行期届满前兑现或者提货，并与出质人协议将兑现的价金或提取的货物用于提前清偿债务或与出质人约定的第三人提存。以依法可以转让的股票或商标专用权、专利权、著作权中财产权出质的，出质人与质人应当在签订书面合同后向证券登记机构或向其管理部门办理出质登记，质押合同自登记之日起生效。

留置，是指债权人因合法手段占有债务人的财物，在由此产生的债权未得到清偿以前留置该项财物并在超过一定期限仍未得到清偿时依法变卖留置财物，从价款中优先受偿的权利。

留置的效力主要体现为留置权人的占有权和优先受偿权。留置权人的占有权须受一定限制，即除了保管上的必要或经债务人同意外不得使用留置物，未经债务人同意不得将留置物出租或抵押。债权人就留置物优先受偿后，如留置物的价值超过受偿范围的，应将剩余部分的价款返还给债务人，留置物的价值不足以清偿时，债权人得请求补足。留置权人只能从留置财产中优先受偿根据本合同应得的款项，对于其他债务，不得利用本合同的财物行使留置权。

保证，是指保证人和债权人约定，当债务人不履行债务时，保证人按照约定履行债务或者承担责任的行为，是合同双方当事人以外的第三方向合同关系中的债权方保证合同关系中的债务方全部或部分履行合同债务的担保方式。

保证的表现形式有两种，一种是一般保证，另一种是连带保证。我们先分析其不同点，然后分析其共同点。从名字上不难看出来，“一般”肯定不如“连带”。没有错，一般保证最为显著的特征是具有先诉抗辩权。债权人在没有向债务人追索债务的前提下，是否可向一般保证人主张权利，让他履行偿付义务呢？这是不可以的！债权人需要先向债务人主张，在没有得到偿付或者偿付不足的情况下才可以向一般保证人请求。这个特点是区别于连带保证的。连带保证下，债权人在没有向债务人主张债务的前提下，也可以先向连带保证人主张权利。即两种保证行为的最大区别是，一般保证有抗辩权，连带保证没有这个权利。

关于保证期间，二者是相同的，可以约定6个月的保证期间，也可以约定5年的保证期间，但需要写明具体的保证时间，若是不写，那就是6个月。当债务到期后6个月内，债权人没有得到偿付的就必须在6个月内向保证人主张，没有提出主张的，就会丧失对保证人的权利。

需要注意的是，保证期间是除斥期间，除斥期间与诉讼时效不一样，不存在中止、中断和延长。

诉讼时效，是指民事权利受到侵害的权利人在法定的时效期间内不行使权利，当时效期间届满时，债务人获得诉讼时效抗辩权。在法律规定的诉讼时效期间内，权利人提出请求的，人民法院就强制义务人履行所承担的义务。而在法定的诉讼时效期间届满之后，权利人行使请求权的，人民法院就不再予以保护。值得注意的是，诉讼时效届满后，义务人虽可拒绝履行其义务，权利人请求权的行使权发生障碍，权利本身及请求权并不消灭。当事人超过诉讼时效后起诉的，人民法院应当受理。受理后，如另一方当事人提出诉讼时效抗辩且查明无中止，中断，延长事由的，判决驳回其诉讼请求。如果另一方当事人未提出诉讼时效抗辩，则视为其自动放弃该权利,法院不得依照职权主动适用诉讼时效,应当受理支持其诉讼请求。

除斥期间,又称预定期间、预备期间,是指法律规定的某种民事权利有效存续的期间。除斥期间也是某种法律事实,权利人在法律规定的期限内不行使其权利,其权利即被除斥。如《民法典》第 1124 条第 2 款规定:“受遗赠人应当在知道受遗赠后六十日内,作出接受或者放弃受遗赠的表示;到期没有表示的,视为放弃受遗赠。”除斥期间不同于诉讼时效的特点在于:(1)它是权利人依法可行使权利的期限,其本质是权利的存续期;(2)它是法律规定的不变期间,一般不发生期间中断、中止或延长;(3)其适用直接凭借法院职权,不取决于当事人诉讼主张;(4)该期间原则上自权利确立之日起算;(5)它所消灭的是实体权利(非胜诉权)且一般适用于形成权,如追认权、撤销权、解除权等。

保证是比较复杂的概念,但是只要知道两种保证的区别,保证有期间限制在实践基本就够用了,不清楚的话,可以再去询问专业人士或者查询相关法律资料。

2.1.7 当事人抗辩权表现形式

抗辩权,是指妨碍他人行使其权利的对抗权,至于他人所行使的权利是否为请求权在所不问。而狭义的抗辩权则是指专门对抗请求权的权利,亦即权利人行使其请求权时,义务人享有的拒绝其请求的权利。

以下三种抗辩权开展商业账款管理业务很有帮助。

一是不安抗辩权,是指当事人互负债务,有先后履行顺序的,先履行的一方有确切证据证明另一方丧失履行债务能力时,在对方没有恢复履行能力或者没有提供担保之前,有权中止合同履行的权利。不安抗辩权的规定是为了切实保护当事人的合法权益,防止合同欺诈,促使对方履行义务。

比如,实践中我们正在履行一份合同,但合同相对人出现了不可逆转的情况,将导致合同不能履行时,就可以行使不安抗辩权,主张解除合同,让自己免遭不必要的损失。当然这种情况是足以让常人相信的事实,如汽车生产厂商生产的汽车大概率出现故障,作为买方就会感到不安,就可以行使不安抗辩权解除买卖汽车的合同,这不算违约。

二是同时履行抗辩权,是指双务合同的当事人一方,在对方未为对待给付前,有拒绝给付的权利。同时履行抗辩权在法律上的根据,在于双务合同之债权债务在成立上的关联性,一方债权债务不成立或不生效,对方的债权债务亦不成立或生效。成立的关联性决定了履行的关联性,双方当事人应同时履行自己所负的债务,在一方未履行或未提出履行前,对方有权拒绝履行自己的义务。双务合同就是双方相互承担义务的合同,如一方给付货币,另外一方给付商品,也就是俗称的“一手交钱,一手交货”,双方当事人需要在同一时间完成自己的义务。

三是先履行抗辩权。当合同的当事人互负债务,有先后履行顺序,先履行一方未履行的,后履行一方有权拒绝其履行要求。先履行一方履行债务不符合约定的,后履行一方有权拒绝相应的履行要求。

这种抗辩权较为常见，比如，合同约定“收到发票后 10 日内支付货款”，“收到发票”就是先履行的权利，付款方可以没有收到发票为理由进行抗辩。又如，“验收合格后 180 日内支付质保金”，说的也是抗辩权的事情，即首先要完成验收合同，并且经过 180 天没有质量问题才可以主张货款权利。

之前有家企业在收到客户的预付款后给我打来电话咨询，收到的这笔预付款项是否可以冲抵他们之前拖欠的货款。我回复，只要他们付款没有备注款项用途就可以冲抵之前的欠款，至于新的合同视同没有支付预付款。客户听从了我的建议。这就是抗辩权的行使，即之前还有拖欠的货款没有支付，在没有支付完成之前，卖方可以拒绝发货，除非双方有新的书面约定。

2.1.8 商务合同“四流统一”

所谓“四流统一”通常是指合同流、物资流、发票流、资金流，这四个流程从字面上很好理解，从现实操作上也很容易规范，但是很多企业总是在账款发生问题后，才明白“四流”的重要性。比如，原本是与张三签订的合同，货物送给了李四，票开给了王五，合同的货款又是赵六支付的，合同付款履行了还好，但如果货款没有全部收回来，这风险就太大了！

找张三，张三说我没有收到货，凭什么给你钱！找李四，李四说我没有跟你签合同，你搞错对象了吧！找王五，王五说要是开了票就可以收钱！找赵六，赵六说你最后别来找我，再找我，我把付给你的钱也要回来！

这类问题实际上是可以规避的,只要形成规范性管理,就能避免麻烦出现。

合同流,首先这四个流程一定是基于同一当事人主体之间的法律关系,出现当事人主体变更的,需要即刻做出说明函,就变更后的主体需要承担的权利义务做出描述。日后发生纠纷的,就可以明确法律上的被告了,也就是我们说的主体适格问题。法官在审理案件时,首先要确定当事人是否适格。也就是说,你告的这个人是不是真正的被告。我们都知道合同订立以后需要履行,只要对方盖章后,合同的相对人就是这个盖章的主体,除非合同项下的法律义务有了新的变更。

假如是采取口头合同的形式完成了交易,发送货物、开具发票、收到款项的主体也应当是一致的。实践中,有的合同上名字和加盖的公章不是一个主体,那自然是以盖章为准,还有的合同中发出招标的单位与实际签订合同的主体也不一致,这些都是问题。用资质好、信誉好的单位来做出招标主体,发出招标邀请,实际上让其了公司来签订合同。且不说这样的行为是无效行为,假如你不知情去签订了合同,履行了交付货物的义务,那么后期是否会有风险呢?所以,我们需要自招标阶段开始就加以重视,让合同签订初期到合同履行完毕都是一个主体,这样就会很清晰。

我曾经代理过的一个案件,起初签订合同的主体是集团公司,实际支付货款、签收货物的都是其子公司,当出现逾期账款时,就发生了相互推诿的行为。集团公司认为,自己只是签订了合同,并未实际履行,不应当支付货款。而子公司认为,自己之所以付款,是基于集团公司的指令,现在集团公司不发出付款指令,自己也不会付货款。就这样起诉了,法院认定集团公司为适格被告审理了该案,将子公司的行为视为集团公司的指示行为。

物资流,在发送货物时,应根据合同约定的地址发送,但也不排除会出现指示交付的情况。也就是说,合同当事人要求将货物交付到指定的地点,这时就需要对方出具书面文件,否则在后期处理账款时不排除对方以没有交付货物或者交货的地点不符合约定要求承担违约责任的情况。

交付货物的方式主要有买方自己提货、卖方送货、第三方物流公司送货。无论采取哪种形式交付货物,都需要根据合同约定,这样接受货物的一方就与合同的主体匹配了。有的合同当事人会指定其他人提货,也有可能让卖方送到指定的地点,这都是很正常的事情,但需要有书面的指令交付函件,以便做到合同流与物资流统一。

发票流,合同项下都有约定开具发票的义务。原则上,我们与谁签订了合同,发票就开具给谁。但有时会出现代付货款的情况,代付货款的一方为了保证自己的账目平衡,就要求为其开票。这就导致开票的对象与合同订立方不一致。对此,还是需要作出说明。我的意思是你可以把发票开给非合同当事人,但是不能什么资料都不给就开票。

资金流,即收到的货款。这方面就更乱了,小公司用老板个人账户,微信、支付宝都可以付款。大公司也会发生收到的货款不是合同当事人支付的情况,这些都是存在一定问题的。还有的是当事人因为涉及纠纷案件,其银行账户被法院查封,自己无法支付,借用其他账户支付。从风险防范的角度来看,一家好的企业为什么要别人代为支付呢？可见，这是一个危险信号。

关于“四流”的统一实质上是企业管理水平的体现。我每次谈到这个话题时，总会有不同的声音，当然还是支持者居多，而反对最多的理由是认为这样比较麻烦。

我通常会解释，之所以认为麻烦实际上还是不习惯形成规则导致的，坚持一段时间以后自然也就习惯了，就不会觉得麻烦了，这就好比你每天都要洗脸、刷牙一般。还有一点，等到开庭审理时，因为“四流”的不统一，使案件变得极为复杂，就会显得很被动，甚至还要承担败诉的风险，这样的代价实在太大了。

有个案例非常经典，庭审后，我与对方的出庭人员说，我会将这个案例在每次培训的课堂上分享，乃至写进书里。青岛有家生产纸箱的企业，实际控制人以四个自然人作为代表分别成立了四家公司，都是依照法律规定完成了注册手续，我姑且将四家公司称为A、B、C、D。A公司负责采购，B公司负责生产，C公司负责销售，D公司负责采购备选。

首先实际控制人用A公司订立采购原材料的合同，合同签订以后，他要求A公司的卖方将货物送到B公司，由B公司的人员签收货物；B公司签收货物以后开始生产，生产完交给C公司销售，这三家公司都在一个院子里，实际上就是之前的采购部、生产部、销售部，只是现在变成了三家具有独立法人资格的公司罢了。大家看到这个地方可能还没有明白他这样做的意义何在。

接下来，他安排C公司负责支付货款给A公司的供应商，供应商的发票不开给A公司，转过来开给B公司，然后由B公司与C公司结算费用。这样的物资流是不匹配的，A公司采购了货物直接交付给了B公司。当供应商找到A公司要货款时,起初A公司是可以支付,时间久了就开始拖欠,拖到最后就不付了。起诉A公司时,A公司说,你的货、发票、收到的货款都是A公司的吗?这样的官司好打吗?而B、C公司没有被起诉,它们才是有钱的公司。

有人会问,D公司是做什么用的?这就是一个笑话!有的供应商被A拖欠久了,就终止与A合作,这时D公司找到了他,D和A实际上是一个实际控制人。所以,D是A的替补。

2.2 合同履行

现在我们进入合同的实际履行阶段。之前我们所做的一切都是为了合同履行做准备,而合同的履行归根结底又是为商业账款的有效管理做准备。到了这个环节,之前相对简单的事情已经处理完了,我说"简单"是相对于后期商业账款处理和现在的合同履行阶段而言的。

前期我们通过信用策略来区分赊销的风险,通过价值因素和风险因素来分析合作的得失,并订立了合同。因为我们担心合同履行后期会出现风险,所以我们会列举各种风险的规避方式。

我们用了很多精力做好了前期尽调的工作,只是为了控制风险。好像我们可以轻松些了,实际上更多不确定的风险正在悄悄出现,这就是合同履行中将遇到的风险。我主要从两个方面和大家聊聊在这个过程中我们如何防范风险,一个是阻却事由,包含阻却事由的具体表现形式以及如何排除阻却事由;另一个是证据的整合,我会全面结合商业账款管理经验,剖析商业账款管理中证据的使用规则。

我认为,这个环节是保障债权实现的关键因素。

2.2.1 账款管理中的阻却排除

处置商业账款是一系列的工作,也存在很多的障碍,这些障碍对于账款的成功回收就形成了阻却,我将排除障碍称为“阻却排除”。简单地说,就是为了实现债权需要排除各种障碍形成的阻却,它会影响我们商业账款回款的有效性。

多年前,我从北京乘坐高铁在回上海的途中迷迷糊糊地睡着了,突然被身后一位女士的电话声吵醒,她说:“李部长,晚上我们在饭店见面,这次我们王总也来了,王总希望一起谈谈我们延迟交货的事,上次我们设备晚到了几天,我准备了份情况说明,您晚上给签下吧。”她显然说的是违约的事情,是因为延迟交付产生的违约责任。合同签订后,我们要依照合同的约定如期交付货物,这是缔约精神,如果依照约定履行交付义务,是不是必然承担违约责任呢?这不一定!

大多数情况下,没有原则性的违约,一般是不会处罚的,虽然出现违约,但可能没有造成损失。这个位女士提前将违约责任排除,也就为后来的账款管理扫除了一个障碍。这里有一个极为重要的提醒,一旦合同履行中发生阻却事由,我们要及时处理,拖久了会因为人员更替、产品性能变化、企业状况变化等原因增加排除障碍。

我们要想将阻却事由提前排除，就不得不先思考下管理商业账款过程中，是哪些原因导致账款无法收回的，而这些原因是常规性质的，还是非常规性质的？是不是我们可以有效地避免？在哪个阶段，通过什么方式避免类似情况的出现？

我想这些问题是不是让我们心惊胆战呢？这正是因为我们过去没有形成有效的管理方式，没有形成习惯，更重要的是我们压根就不知道要这样去做才会出现这些问题。

我结合两方面的原因为大家分析。从图2－2中可以看出左边与右边有什么区别？左边与右边都是账款管理时遇到的障碍，也就是我们所说的阻却事由，不同的是左边的阻却事由是可以避免的，是可以通过专业人员的努力排除的；而右边的阻却事由就不可以回转了。因为这些情况下企业已经进入法律的特定程序了，从法律的角度来说已经不归于企业所有权人，而是由法院指定的管理人接手了，管理人接手肯定不会继续实质性经营，他能做的就是尽快在法律允许的范围内将被管理的企业清算分配。

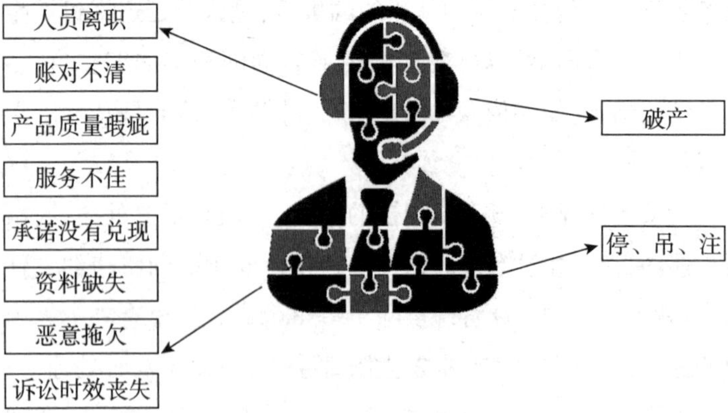

图2－2　阻却事由

我相信大家看看到上面的这张图后，会有强烈的认同感，我很能理解大家的感受。随便拿起一个案件，不难发现一定存在上面的原因。这些原因有的是一个接着一个，处理完了一个，又会冒出一个新的，让我们很不安。当然，处理这些是有技巧的，下一阶段会讲，这里我们主要是讨论如何避免这些问题。

左边的问题是完全可以避免的，右边的问题同样也是完全可以避免的。我们详细分析这些问题是如何形成的。

人员离职是企业发展中普遍遇到的问题，我经常开玩笑说，一个人在一个岗位上多年没有变动，说明这不是人的问题就是公司的问题，要么是人没有追求，要么是企业没有发展。人员适当流动是正常的，但是那种一年换 8 位采购经理的情况就显然不正常了。南京的一家工程企业，拖欠工程款项很多，我在处理委托案件时和他们打了半年多的交道，发现他们的人员总是频繁更换，快到一个月换一个。开始我很不理解，后来他们的一位副总跟我说，之所以采购人员变动频率高，是因为采购人员承受不了催债的压力，而老板一直强调要寻找可以抗压的人，这样的采购经理确实很难找。似乎这个老板的做法不好，但是很多企业确实存在这样的问题，不对账、财务电话不公开、采购人员不签字等都是风险。

公司行政人员在协助离职人员办理辞职手续时，需要更多地关注辞职人员所做的项目是否清晰。什么叫作清晰？就是要清楚地知道这个项目的现状、对方联系人以及与之匹配的合同、发票、验收单等材料是否都归档，更主要的问题是这个项目要由谁来接手。这就需要做一份客户信息更新表,对债务人的信息半年更新一次。这个很有必要,若不更新,比如到24个月质保期满时,债务人可能就变成图2-2右边的情况了,那就严重了。

很多人都有信用卡或者房贷、车贷,但你可能不清楚,即使你每个月都准时偿付贷款,银行还是会每年查询你的征信记录两次,这可是有规定的。我们借银行的钱,不是有抵押吗?有抵押银行都不放心,而我们赊销给客户的货款有抵押吗?恐怕很难有抵押,没有抵押我们为什么还不做信息更新呢?假如半年更新一次债务人的信息,就会发现,你公司人员离职,对方公司人员离职都不是很大的问题,因为事情一直有人管,企业的状态也一直处于良性状态。

账目核对不一致,恐怕是很多销售人员、财务人员最为头痛的问题。你的账目与对方系统里表现的金额不一致,通常情况你的金额比人家的多,在这种情况下,人家是不愿意偿付的,那就需要先把账目核对清楚。

在这里我们需要先明白账目对不清楚的主要原因是什么,是不是没有对账?也就是说,我们没有形成有效的对账单,包括会计准则要求的询证函。有人会说,公司也有制度要求去对账,但是对方就是不对账,导致金额长期存在误差。我在这里提醒一下,一家不愿意和你对账的企业,就要当心了,这是拖欠商业账款的一种可识别的信号。假如你知道这样的信号存在,还是一如既往地与对方赊销的,可能后面的亏损会超过你的想象。

导致账目对不清的原因还以下几个方面,如公司发货的送货单、签收单等，这些单据上要有可以识别的型号、金额、日期。这是我们之前讲过的，这里就不多讲了，总之能够做到让一个外行人可以拿着送货单对着合同把价格算出来就行。如果送货单上没有价格、数量、型号等就会出现没有根据的情况。

有人会问，多久对账一次比较合适？我的理解是你自己认为需要多久对账合适就多久对账。比如，从事机械销售工作，一套设备 50 万元，合同签订的付款方式是预付款 30%、发货付款 30%、验收后付款 30%，最后留下质保金 10%，待验收合格后 1 年付清。这个就很清晰，一份合同一套设备，账目清晰，对不对账都不会有差错。这样的话，我建议 1 年对账一次就可以。又如，一家生产乳制品的日销品企业，面对的客户群体是超市，合同与企业统一签署，发票每周都需要开具，每次送出的产品在城市的各个角落可能会出现滞销、补货、退货等情况。如果送货 100 箱，签收单也是 100 箱，但是存在上述情况时，送货单不再具有实际价值，因为后面发生的事情已经变更了你手里的证据。我们如何操作呢？我认为，这种情况下每周对账一次也不过分。总之，对自己的账款和对方做到一致就可以，而不是自己清楚自己的账目，对方却不认，那也没有价值。

另外，我补充一个常识。询证函通常是由会计师事务所做出的，会计师事务所发出这个函件以后，有的企业会依照函件上留的地址回寄，原件被会计师事务所保存，企业则需要做出备份，留一份复印件。会计师事务所发出的函件中通常会写明："本询证函仅作为双方核实账目所用，不作为催款依据。"这对于延续诉讼时效是不起到必然作用的,法律对于诉讼时效中断、延长的意思表示是很明确的,必须要有主张债权的真实意思表示才可以起到作用,所以,要备注:"本函件项下的金额贵司若未支付,请尽快履行支付义务。"

没错,这样写才可以,想想你是不是应当发催款函了呢?

关于产品质量瑕疵导致账款回收不顺利的情况时有发生。大家或许还记得我之前说过,一家企业要是采取赊销模式进入一个新市场,四个必备的条件是很重要的,资金、质量、服务、管理,关于这四个条件,我后面会大家做个交代,暂时先聊聊其他的。也就是说,你要想订立赊销合同,你的产品质量一定要过关的,提供的产品不过关就会有纠纷。产品大多是保留有质保金的,它的意义就是为了质量瑕疵违约而设置的。有的企业说,我们产品不好没有关系,本来我的价格是 10 万元,质保金是 1 万元,我就买它 11 万元,即使后期 1 万元不收回来我也不损失。我认为这样是不道德的,一个是你提供的产品不符合要求不道德,另一个是你买的价格过高也不道德。恐怕你价格高了也卖不出去,市场存在竞争的情况下,价格自然会受到影响。我见过一家新设立的公司,兄弟三人依靠自己多年打工攒的钱开了家工厂,结果卖出去的产品货款都不能及时回收。委托给我们律所后,我们展开了沟通,沟通后发现每个案子都存在严重的质量瑕疵,买方采购了货物后迟迟不能如愿使用,导致设备闲置。这样生产出来的产品质量不符合要求,一旦投入市场后,后果可想而知,没有经过半年,企业就倒闭了。

质量瑕疵纠纷解决完成的时间点一定是在应收款到期前解决,包括所有的证据收集工作,都是在这个时间点之前完成,绝不是到了收款时才想起来去解决质量瑕疵的问题。如果质量瑕疵的问题解决了,还需要有一个书面的文件,防止日后管理账款的时候再次遇到阻碍,我通常把这样的文件称为"阻却事由",我们只有在收款前把这些"阻却事由"给完全处理好,才有可能顺利回款。

资料对于很多合同标的物而言也是重要的,我修改合同的时候会认为设备的辅助性资料是标的物不可或缺的组成部分。也就是说,合同标的物交付的同时也应当将合同项下标的物与之匹配的文件一并交付,譬如出厂证明、合格证、报关单、说明书等文件,既然提供了这些材料就需要有一个签收文档保存。

比如,有个案子就涉及这个问题,委托人提供的产品没有问题,项目也运行得很好,就是拖欠货款不给。后来运作案件的过程中发现债务人对于产品的报关单很在意,他反复强调担心自己买的产品是国产的,要想证明产品是进口的就必须查阅报关单,因为报关单上列明了产品的型号,出厂地等系列信息。后来委托人将这些材料准备齐了,货款自然也就支付了。这或许是不支付货款的一种理由,但是合同有了这样的约定就必须提供。

当然,我们平日不会注意这些小事情,我们始终认为产品都已经给你了,现实中使用的也没有问题,付款理所当然的事情。可是当债务人想找理由的时候,合同里面约定的资料就必须提供,不提供就属于违约。我们通常可以将文件交付的时间、方式在合同里面说明清楚，然后在收货单上注明文件的名称，这样的就可以有效来避免“阻却事由”。

我先说说诉讼时效的问题。这是简单到你只需要发送一份催款函就可以，采用中国邮政寄出去，即使寄出去的信件被退回来也没有关系，主张诉讼时效的权利属于形成权，你只要有行为和真实催收货款的意思表示就可以导致原本 3 年的诉讼时效发生中断，重新计算你的诉讼时效。

具体说到诉讼时效起算点是从哪里开始的，通常我认为合同约定的付款时间就是起算点。当然从财务收款角度来看，最后一次收款记录、保养记录、调试记录都是可以作为起点的，没有上述行为发生，我们就每三年发一次催款函，也是可以起到中断时效作用。

这里需要提醒一下收件地址问题，有的合同约定了收件地址，就必须按照这个地址寄送，除非进行书面变更，否则不视为有效的中断行为。

比如，之前的一个案件，庭审时被告主张诉讼时效期间，法庭就时效的问题展开调查。委托人确实发过催款函，被告否认签收，委托人拿出了发送函件的邮件记录和签收记录。这样的行为本来是可以起到中断时效作用的，可是法庭最后否认了时效中断的事实。为什么呢？就是因为原来合同中约定了函件往来的通信地址和收件人。而委托人知道被告搬迁了，以前的地址收不到，所以直接寄到新的地址了，但是并没有书面告知，所以无法认定起到中断时效的作用。

庭后我也很是费解，明明被告已经搬家了，这也是双方都认可的事实，为什么还是不行呢？

为此，我总结了经验：约定地址和公示地址都要寄一遍催款函，才更为保险。

看起来很小的一件事情，大家会不会犯下同样的错误呢？而这个错误的代价就是债权人因为诉讼时效期间经过而丧失了主张债权的权利。我在给企业做辅导的时候，就时常提醒他们要形成规章制度，将时效延续、客户信息更新作为日常销售工作必做的事，避免商业账款的诉讼时效。

如何辨别是否恶意拖欠，你去收款，对方一次一次地拖延或者找出各种阻碍让你无法顺利收到货款，你就认为他的行为是恶意拖欠。我想说的是你是在什么时候去收款的，是货款到期前7天还是货款到期后1个月，还是到期后2年，到期后你是打电话还是简单发给信息邮件之类的。

不同的方式和不同的时间导致账款回收的成功率都不一样。

我们后面有专门介绍如何去管理账款，这里我先提一下，管理账款是一系列的工作，从提醒函到律师函，从电话到面访是有顺序的，在这个顺序中你可以通过上面的方法试探出来对方偿付货款的真实意愿。

主张账款的权利在你手里，你怠于行使了，人家自然会被养成拖延的习惯。

接下来，我来探讨一下想着去处理应收款的时候，为什么会发生债务人吊销、破产这种情况呢？

我先来分析一下企业出现上述行为的时间，通常情况下企业出现破产是需要法院做出生效裁定的，这个生效裁定做出之前一般要 6 个月时间审理过程，审理之前需要有个立案申请的过程，这个时间也依照 6 个月来计算。从申请破产案件到裁定大约有 12 个月时间，那么在这之前还有程序，那就是诉讼程序，因为《企业破产法》对于破产条件是有规定的，通常就是进入执行程序未有执行到财产。大家知道一个案件进入执行需要多久呢？1 年算正常的。时间算到这里，大家也发现一个企业进入破产程序其实至少需要 2 年的时间，看起来很漫长，想轻易破产也不容易。但是你作为一个债权人为什么就没有发现呢？那显然是你缺少对债务人现状了解的制度，如果有个债务信息更新表也许就可以避免你的失误。

我和我的团队成员在处理商业账款的时候，一般情况下我们接受一个案件委托后，即刻会在第一时间对债务人做一次初步的了解，这个时间节点我们设定为 3 个工作日，在这个时间里我们需要去做一个最初判断，判断这个案件的债务人是否存在偿付能力的事实，也就是我说过的外部因素。假如这个债务人资金是匮乏的，停业、吊销、大量失信、限高行为的，我们就可以初步判断丧失了偿付能力。没有偿付能力的债务很难通过催收方法来改变，这也是商业账款管理律师最难以解决的事由，委托人的委托目的自然也就难以实现。

债务人偿付能力相对于支付意愿而言是很难改变的，但是仅仅是支付意愿不强，我们仍然可以通过沟通、说服、司法压力去改变他,从而使他做出付款的承诺。

一家企业连续2年未有参加工商年检工作,会面临被吊销的风险,很多企业注册以后没有经营或者经营不善,因而就没有参加年检,这样工商局就会因为它违法行为而给予吊销处理,这显然是类属于违法范畴。这里关系到我们商业账款的事情就很明确,假如你的债务人因为被吊销未有偿付你的债权,我们就不得不去反省一下,刚刚我们说到公司被吊销是因为连续两年未有年检,那么什么样的企业会不去年检呢?一定是经营异常的,经营不妥当的企业才会有这样的做法,这是有预兆的,需要你通过科学管理来发现,只有日常严格的账款管理制度才可以有效避免。

我们可以通过函件试探、人员更替、产品市场等系列来判断企业是不是还能够正常的经营下去,这种种预警都需要制度去管理,才有机会发觉。

这上面种种理由构成了我们收回商业账款的困惑,其实安静一点去思考这一系列阻却事由,哪个不是我们自己造就的呢?只有我们掌握了科学的管理方法就可以先知先觉,而这些有效的方法源于制度的设立,更需要坚定不移地去执行,才能管理好账款。

在一次与客户沟通的过程中,这家公司的财务总监打开他的电脑,让我帮助他分析下现存逾期账款回收的成功率有多少,打开文件后,我看大概有2亿余元的逾期账款列表。

让我去分析成功率,这个事情对于我而言确实不难,这并不需要一个一个案子去沟通,只需要看几个关键性指标就可以。我询问了一下后得知这些账款对应的债务人有超过5年未有合作,也未有更新债务人信息,显然不排除有些企业是存在停产、吊销、破产现象的,这些工作只要去简单进行调查就可以获知。他们没有去做这样的事情,归根结底还是没有制度。后来他们将案件委托给律师事务所管理后,基于我们团队对于案件的优化,在很短的时间内大多数案件都是要进入关闭程序,这些被关闭的案件都没有进入实质性的沟通,也就是说可以沟通的时间已经丧失了,这就是能力缺失的表现。还有些案件诉讼时效期间届满,采取诉讼的方式最后也不排除面临败诉的风险,这就浪费时间和金钱了,在这个阶段想通过律师来延续诉讼时效,那也是非常困难的。

这样管理商业账款,归根结底是对股东权益不尊重的表现。

通过这一章内容我相信大家都明白一个道理,商业账款管理是每个环节都需要去注意的问题,先期需要对于客户进行有效的评估,中期是我们对于合同管理和债权分析,最后才是账款处置程序。这三个程序管理的难度也逐步加大,重要性也是从强到弱的过程,而并非向大家理解的那样只关注账款回收的环节。随着风险逐步被显现,逐步被预防,那风险也自然就逐步的缩小。

我们评估客户的信用风险、评估合同的风险都是围绕着双方尽可能合作而进行,这个合作是建立在具有价值因素基础而上,有利可图就是能够收回货款,而不应当签订了系列合同,款没有收回来,形成了批量的逾期呆坏账,这样会随着时间的推移而把利润侵蚀掉。我们还需要明白一个道理,帮助销售人员去控制风险,并不是阻碍他的销售工作,作为法务工作者有义务去审核合同,审核合同的目的是让彼此可以合作,而不是设置不公平条款让彼此失去合作基础。无论在商业账款管理的哪个环节,我们都需要制度去管理,依照制度的规定行使每个环节的任务。在一定的规律性活动之下,你就自然的可以发掘出风险,当风险出现之后同样依照制度去处理,你就不难发现商业账款管理起来就容易很多。

2.2.2 关键性证据整合技巧

证据是账款管理的基础,无论是通过诉讼的方式还是非诉的方式来解决账款纠纷,都必须在有效证据基础之上进行磋商,我会跟大家一并聊聊证据的表现形式、证据的形成过程。证据的表现形式就是我们看到的证据是否符合法律规定的真实性、合法性以及关联性,后面我会结合商业账款处置过程中遇到的问题具体去介绍。

证据在庭审过程中,我们举证、质证阶段就是围绕着证据的“三性”展开辩论的,法官也是依照“三性”来裁判,我们先了解下这“三性”说的是什么意思。

2.2.2.1 真实性

我们通常对于真实性也叫作证据的客观性或者确实性,证据所反映的内容应当是真实存在,客观存在的,不具有虚假行为。我们都知道因为任何案件事实都是在一定的时间和空间发生的。

案件事实发生后,必然会在客观外界遗留下某些物品或痕迹。这些事实以及它们同案件事实的联系都是客观的。证据的真实性是证据本质的特征;但这不意味着有关人员收集到的证据一定是客观真实的。从认识论上讲,一个案件发生后,它在客观外界的遗留物,必须被人们反映。但一切所观察到的,反映在主体中的通过语言、文字陈述出来的事实,都属于经验事实。由于商业账款反映过程的复杂性,并不能完全反映客观存在。

因此,法律规定,一切证据材料必须经过查证属实,才能作为定案的依据,民事案件判决是基于证据存在高度盖然性而形成。

证据必须具有真实性,虚假的、捏造的证据不得作为定案的依据。根据有关规定,法庭应当根据案件的具体情况,从以下方面审查证据的真实性:

(1)证据形成的原因;

(2)发现证据时的客观环境;

(3)证据是否为原件、原物,复制件、复制品与原件、原物是否相符;

(4)提供证据的人或者证人与当事人是否具有利害关系;

(5)影响证据真实性的其他因素。

商事案件里涉及的证据在真实性方面主要体现在签字的笔迹和印章。记得在之前有次庭审的时候,就发生过一起私刻印章的事情。案件原本是一起普通的商事合同纠纷引起的,委托人认为对方拖欠了货款,但是对方坚持已经支付。作为律师我需要看到支付证明才可以确定本案的真实性,为此我多轮与对方索要支付后的证据,但是对方始终不给。无奈之下我们起诉到了法院,是否支付是本案的唯一争议焦点,被告只要能把支付过的证明举证即可。在庭审的时候,被告确实就这一争议提交了证据,那是一份三方订立的协议。协议上约定委托人的货款由被告将第三方的房产来抵偿,由协议上的委托人将房产过户给其指定的一方。由于房产价格超过了偿付的金额,协议上的委托人需要找回货币,事实上也存在倒找的情况。

协议就是这样约定的,看起来也不复杂,相反倒是很清晰。关键是本案的委托人没有收到房产,也未有倒找货币。

随后,我将这份协议发给委托人,委托人经过一番核实后,告知我这份协议上加盖的印章系假章,与诉讼文书上的印章不一致。

每次我回忆起这个案子的时候,都会留下 2 个问题,大家也可以思考下:

(1)假章,是不是当然无效?

(2)被告因为被假章欺骗了,支付了货款,是否免除了货款支付的义务呢?

我想把上面两个问题给大家聊聊,免得后面忘记了交代。首先我们都知道合同具有追认性,也就说即使客观上我们使用了假章,由于后期权利人同意了合同的条款,履行了发货、收款、开票、服务等义务,那么这个原本假章在这个合同上就是真章,这就是因为"追认"发生的改变。

2.2.2.2 合法性

证据的合法性是证明案件真实情况的证据必须符合法律规定的要求。证据的合法性主要表现在以下几个方面。

(1)证据必须是法定人员依照法律规定的程序和方法收集的。收集证据必须依法进行。依法收集证据,既是程序正义的重要标志,也是在民事诉讼中获取确凿证据,正确认定案件事实的重要保证。只有合法收集的证据才能作为裁判的依据。通过违法侵犯人的身体、住所或者函件等其他通讯方法所获得的证据不能采用。

(2)证据必须具备合法的形式。我国民事诉讼法规定的证据形式有 7 种。这些证据形式是立法机关总结了我国多年的民事诉讼实践经验,并借鉴了古今中外民事诉讼法中合理因素的基础上制定出来的。它反映了我国民事诉讼证据的内容。因此,凡是不符合我国民事诉讼法规定的证据形式就不能视为合法证据。

(3)证据必须有合法的来源。如果证据的来源不合法,就不能用作定案的根据,这是需要去排除了。

证据必须具有合法性,非法收集的证据不得作为定案的依据。根据有关规定,法庭从以下方面审查证据的合法性:

①证据是否符合法定形式;

②证据的取得是否符合法律、法规、司法解释和规章的要求;

③是否有影响证据效力的其他违法情形。

商业账款管理中遇到不合法的证据实际上比较少见,本身就胁迫而订立的合同很少。我们在收集证据的时候,有时候会存在些录音的情况,这很多人会很困惑,不知道如何录下一段有效的录音。我说下这个事情,录音是否有效,首先应当在连续性、可分辨性上去定论,也就说一段录音我们是可以从内容上分辨出企业名称、金额、形成原因,彼此之间身份等因素。

2.2.2.3 关联性

证据的关联性又称相关性,是指证据与案件事实之间存在客观联系。客观性固然是证据的重要特征,但仅有客观性的事实还不能成为证据,还必须与案件事实存在客观联系。与案件情况没有联系的客观事实,就不能起证明案件真实情况的作用,不能成为案件的证据。证据与案件事实的联系是多种多样的。有因果联系、条件联系、时间联系、空间联系、必然联系和偶然联系等。

其中,因果关系是最常见、最主要的联系。一切倾向于证明待证事实可能存在或可能不存在的证据均为相关证据,否则不具有关联性。

我们知道了证据三个基本性质外,就不得不弄清楚证据形成的整个过程,我需要从4个方面跟大家去解释,他们分别是:

(1)缔约阶段;

(2)成立未生效阶段;

(3)合同履行阶段;

(4)合同终止阶段。

写到这里的时候,不得不说我们需要重视合同的每一个阶段,因为这里蕴含着商业账款管理的核心秘密,我也把这个过程称为“合同生死线”。在这四个阶段中我们需要不同人员在不同阶段担当各种角色(见图2-3)。

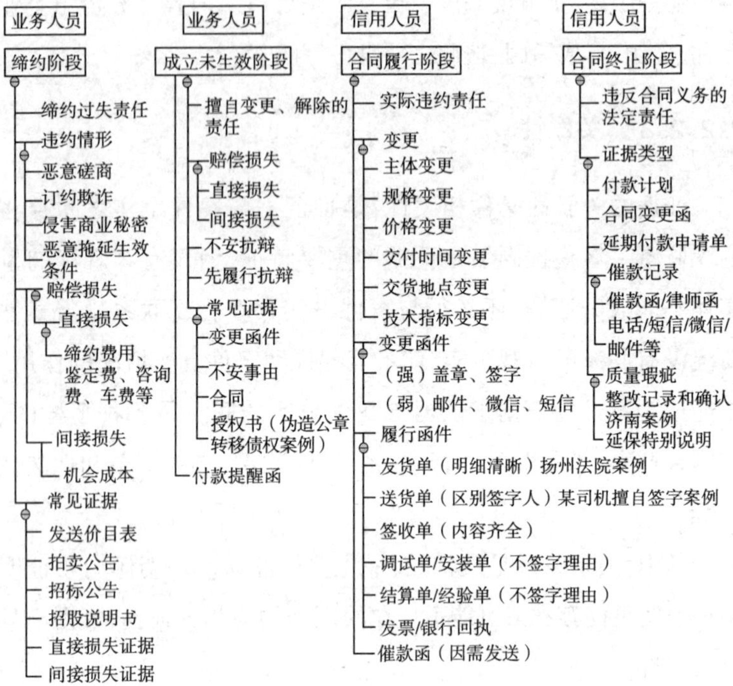

图 2－3　各阶段不同人员的责任

首先，我来做个重要的强调：合同履行的每个阶段都是至关重要的，一旦错过就会难以弥补，比如我们在“履行阶段”来获取大量的证据，这个阶段一旦错过证据收集的最佳时间，再次收集就困难多了！

在这里我给大家分享债务信息更新表（见表 2－1），这可以解决什么问题呢？

我想当我们打开应收账款数据的时候，你会发现货款的回收阻却的原因是哪些。双方人员的变动，也就是我们联系不上对方了；证据资料丢失了，也就是我们不能证明欠款了；诉讼时效经过了，也就是我们忘了延续时效了。

怎么办，这些是对方不付钱吗？不对啊，是我们没有管理好导致的，这就需要一个好的方法来调整。

表 2－1 债务信息更新表

客户名称：

档案信息			
合同日期		合同编号	
合同金额		合同履行	
合同签订人（客户）		合同签订人（本公司）	
日常联系人（客户）		日常联系人（本公司）	
签约评分		评分日期	
本期评分		评分日期	
账款金额		到期时间	
逾期金额		逾期时间	
证据信息			
合同□ 原件□ 送货单□ 原件□ 验收单□ 原件□ 调试单□ 原件□ 结算单□ 原件□ 发票□ 原件□ 对账单□ 原件□			
产品现状			
商业账款处置流程			

更新人： 审核人：
日期：

备注：
1. 本表格依照 180 天更新一次，特殊行业可以更为频繁；
2. 必须如实填写“近期评分”“日常联系人信息”。

这份表格我建议对于存在应收账款的客户都需要在 180 天内更新一次,你就可以规避上述的问题。

人家欠你钱,你都不关心一下吗?

2.2.3 合同缔约阶段

《新唐书·张孝忠传》将缔约表述为是指缔结、订立条约、订立盟约的意思。在我们商事活动中,我们所说的缔约就一家企业想着与其他人合作,就特定的商事活动做出特定的服务。这没有错,我们一方需要找个项目合作,就必然要做出要约的申请,在要约的过程中存在与对方反复的沟通,直到做出有效的承诺,这样才可以订立正式合同。

那么,我们是不是每次要约都会成立且生效呢?答案是否定的,这就说明我们的要约存在不成就的可能性,存在不成就的情况就有可能存在违约,违约就涉及赔偿,这也正是证据收集的重要性。

通常情况下缔约阶段出现法律纠纷主要是因为缔约过失而引起的法律纠纷,缔约过失指的是在合同订立过程中,一方当事人因违背其诚实信用原则所应负有的义务,而使另一方当事人信赖的利益遭受损失,应当承担民事责任的情况。

应当承担损害赔偿责任:①假借订立合同,恶意进行磋商;②故意隐瞒与订立合同有关的重要事实或者提供虚假情况;③有其他违背诚实信用原则的行为。

甲有一个项目想寻求一家企业合作,乙和丙来找甲磋商,都希望可以与甲合作。其中,乙公司本身是没有能力完成甲公司要约的内容,自己实力也不符合甲公司要求,只是听说丙公司想竞标,不想让丙公司达成合作的可能,之后乙公司通过提供虚假材料等非法手段获得了合作的机会,与此同时,具有实力的丙公司丧失了这次机会。这种情况在商业市场中时有发生,丙公司为了成就与甲公司的项目合作,必然投入了精力和金钱,错过的机会成本应当由乙公司承担。乙公司承担损失的基础就是其故意隐瞒与订立合同有关的重要事实或者提供虚假情况。

2.2.4　合同成立、生效阶段

当我们签订合同后,其实这个行为并不必然会导致合同生效。一般我们都知道合同成立的条件是当事人真实意思表示一致,依照最终盖章或签字的时间为成立时间。但是我们有时候为了防止合同订立后不能够实现目的,我们就会设置一定条件来让合同处于待生效状态。

附条件生效的合同,是指当事人在合同中特别规定一定的条件,以条件是否成就来决定合同效力的发生或消灭的合同。当事人对合同的效力可以约定附条件,譬如时间点、事件出现等。

附生效条件的合同,自条件成就时生效。附解除条件的合同,自条件成就时失效。当事人为自己的利益不正当地阻止条件成就的,视为条件已成就;不正当地促成条件成就的,视为条件不成就。

我们从事设备安装的时候经常发现一个问题,买方做的是一个整体项目，我们提供的产品是一个软件，或者是项目中的一部分配件。我们的设备必须等到其他设备安装完成后才可以调试、验收。也就是说，你可以在合同里面进行约定，合同生效的前提是依照其他设备到场后为条件；也可以约定现场调试要依照技术安装要求做出提前预设，这样有效的附条件就可以避免你调试不能的风险。

又如，你与一家企业准备订立一份采矿合同，而你知道这份采矿合同中最重要的是获得开矿的许可证，那么你可以在附条件的合同里面去设定一个以开矿许可证取得为本合同的生效条件，如果许可证取得了，那么之前签订的合同自然生效，如果不取得那合同也就未有生效，不生效就不存在违约责任。

附期限的合同，是指附有将来确定到来的期限作为合同的条款，并在该期限到来时生效或失效的合同。所附期限就是双方当事人约定的将来确定到来的某个时间，可以是一个具体的日期，如某年某月某日；也可是一个期间，如“合同成立之日起五个月”。

期限是附加于合同中的任意限制，在这点上，期限与条件的性质是一样的，这也是《民法典》将期限加入广义的条件中的原因。这种限制能够直接限制合同效力的发生或消失。与作为条件事实不同的是，期限的到来是必然的，不存在是否到来不确定的情况。

期限一般分为始期（生效期限、延缓期限）和终期（终止期限、解除期限）。前者是指合同的效力自期限到来时才发生。即在期限到来以前，合同已经成立，但其效力仍然处于停止状态，待期限到来时，效力才发生；后者是指合同的效力自期限到来时消灭。

我们通常在合同里面增设一个“冷静期”,这个“冷静期”通常是3天或者7天,其实这就属于附期限生效合同的一种。

另外,在这个环节里我们比较常见的就是三种抗辩的形式:不安抗辩权、顺序履行抗辩权以及同时履行抗辩权。

不安抗辩权,是指在有先后履行顺序的双务合同中,应先履行义务的一方有确切证据证明对方当事人难以给付之时,在对方当事人未履行或未为合同履行提供担保之前,有暂时中止履行合同的权利。规定不安抗辩权是为了切实保护当事人的合法权益,防止借合同进行欺诈,促使对方履行义务。

顺序履行抗辩权,是指当事人互负债务,有先后履行顺序的,先履行一方未履行之前,后履行一方有权拒绝其履行请求,先履行一方履行债务不符合约定的,后履行一方有权拒绝其相应的履行请求。

《民法典》第526条规定:“当事人互负债务,有先后履行顺序,应当先履行债务一方未履行的,后履行一方有权拒绝其履行请求。先履行一方履行债务不符合约定的,后履行一方有权拒绝其相应的履行请求。”

同时履行抗辩权,是指在没有先后履行顺序的双务合同中,一方当事人在对方当事人未履行或者履行不符合约定的情况下,享有拒绝对待给付的抗辩权。

2.2.5 合同履行阶段

合同履行阶段是贯穿整个商务活动过程中,在这个环节能收集到的证据都应当收齐，而不是等到合同终止后再去收集，那就很难了。

在这个环节里涉及合同原件、发票、送货单、验收单、对账单等有效文件，都是商业账款管理的核心证据，任何一项缺失都有可能导致后期在管理账款的时候出现阻碍事由。这些如何获取，以及应当依照什么形式表现，我之前在本书里已经很详细的表述，本段不再赘述。

我们稍微轻松点，我来跟大家聊两个案例吧，在实际经营过程中大家很容易遇到的类似情况。

上海一家企业为无锡生产成套设备，设备在生产过程中，无锡的买方找到了上海的卖方表示自己订立的合同项下的配件太贵了，想把设备用到的“开关”品牌做下调整。买方认为没有必要使用这样好的开关，希望给予更换其他价格低廉的开关。卖方听说后认为也可以，随后就通知了车间进行图纸变更。

就这样正常，看起来很简单、合理。

项目交付了两年后，这个项目的质保期到了，上海的企业就想着要去收款。此刻无锡企业的采购和车间主任都调整了，新来的采购经理基于付款前要对合同和设备进行一系列的审核，结果在审核的时候发现使用的开关出现了不一致的情况。这样一来双方就展开了争论，一方认为变更是两年前说好了的，一方认为既然是说好的那为什么没有变更文件？

这就是焦点，我们需要一份变更函来备注开关品牌的变更，双方约定好后形成书面文件，今后换了人也就不会再出现纠纷。

另外是仲裁的案件，案件本身证据确实也很充分，合同、送货单、发票、验收单都有,项目本身也具备付款条件,这看起来万无一失的案件,却隐藏着一个极大的失误。合同上有明确约定设备送达天津港口,而实际在履行合同的时候送的是上海港口。我询问了委托人缘由,委托人说在 3 年前,买方在发货之前突然发来传真件告知变更接收货物的地点。

随后我核实了所谓的变更函,其真实性是不符合法律要求的,函件上也未有印章和签字,显然被告是不会认可。

这个案件到了这个阶段,我们能够发现本来是没有违约的,你要求我们变更送货地址的,我自然要遵从。可是委托人忘记了要一份变更函,更准确地说要一份具有法律意义的变更函,因为今天通知你的人,明天可能就会有变化,“新官懒管旧账”就是这个道理。

记住,凡是涉及合同变更的,都要有变更函。

2.2.6 合同终止阶段

每次我说到这个阶段的时候就显得格外轻松,为什么轻松呢?因为我们可以成就的证据都已经成就了,这个阶段就是如何去处置账款的阶段,基于之前我们整合的证据已经可以实现非诉或诉讼目的了。

如果一定说在这个环节说说证据,我就聊聊付款计划书的问题,这个计划书一般是在债务人没有能力支付的前提下,我们要求债务人出示的,有的人会说那更怕很难吧。

是啊,很难,因为你等了 6 个月,甚至 12 个月以后才让人家去写，当然难以办到了，换成你，你会去写吗？

什么时候比较合适呢？我的建议是逾期时间在 15 天内就让债务人去写，他不写就意味着什么？一定意味着逃避债务的可能性，这就是我们通常说的“试金石”。

3. 债权分析流程

3.1 科学处置商业账款流程

3.1.1 带你180天挑战呆账、坏账

从现在开始我们就进入了商业账款管理的第三板块，假如你听我聊到了这里，我想你是有兴趣的，也是有基础的。

我们现在所聊的是“事后”，在这个环节之前，我们经历了些什么呢？我们是从征信调查开始，通过定性、定量、价值、风险四个维度来打分，我们确定了赊销的范围，通过合作一段时间以后我们对之前赊销的范围给出了有效的检测公式，用这个公式来检测之前我们所作所为是否合理，这恰好是一种事后检测。

合同签约之后，我们在证据方面做出很多的解

释,解释证据的真实性、合法性、关联性,我们也将整个合同从缔约到终止过程中关系到合同的变更做出了有效的梳理,合同的成立、生效,附条件、附期限等一系列的叮咛,都是为了尽量少地再出现坏账,这样的情况在所难免,想必前面我们做了很多的工作,现在应该是很轻松的时候。

你想我们为什么会轻松呢?因为我们的案件都有证据,不存在诉讼时效期间经过,更不会出现吊销、注销、破产等情况,因为你 180 天都要更新一次客户更新表,不是吗?

然而并不是一定不会有坏账,只是坏账的增加也带来了股东权益的增加,这必然是件好事情。这里的坏账是依照《中国会计准则》做出要求的,而不是我们企业自己设定的标准。

很幸运你看到了这本书,更幸运的是你很认真地对前面的内容都进行了有效的通读,那么你应该很轻松。

我把一段称为“180 天挑战呆坏账”,这个 180 天是从我们着手分析案件、分配案件、处置案件到整理案件四个环节来解释。我在做这个方案的时候,尝试了很多方案,最终还是认为从企业的内部和客户外部来分析比较妥当,企业的内部是管理问题,企业外部是客户的问题,客户的问题是我们左右不成的,但是客户问题的恶化是我们可以预防的,为此我们得到一个结论:“都是管理问题”!

分析案件是这个过程的开始,我们不需要去与任何一个债务人联系,也无须联系,因为此刻的你对于案件是一无所知,在这种一无所知的情况下茫然从事必然会引起不利后果(见图 3-1)。

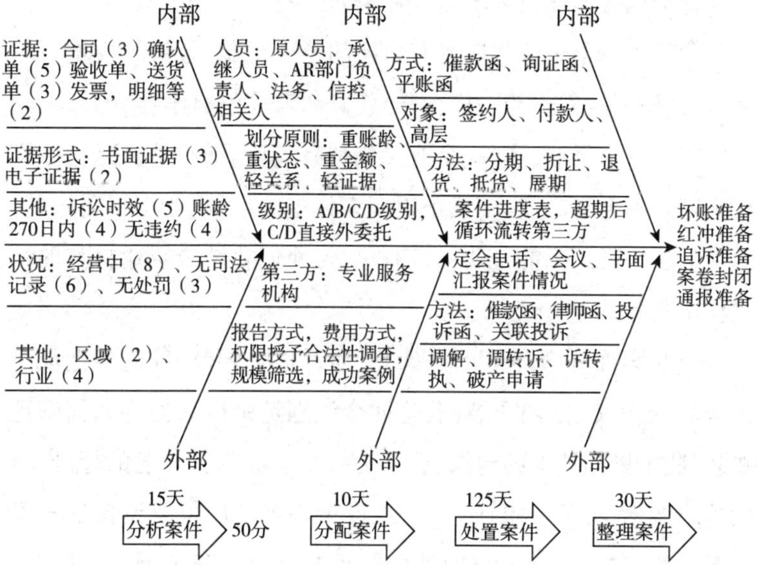

图 3－1　180 天挑战呆坏账

分析案件需要 15 天左右的时间，我相信你的案件数量不会太多，200 家债务人？还是 500 家债务人？依照我对言忠理律师团队人员的要求，通常我们在分析案件的环节最多花费三分钟时间即可初步判定其价值。在图中我给出了对应的分数，这分数的高低也体现了证据价值的重要性，其实也对应地告诉我们在合同履行阶段什么证据最为重要。

在做分析的过程中，我们要注意行业、地区上都是有区别的，你的客户群里是制造业还是代理商，其意义是不一样的。代理商的流动性比较大，因为注册、经营、失信的成本都相对比较小，所以你不得不管理得更加严谨。而面对的制造业就稳定很多，但是你需要对于证据上加强管理。

每个地区的商业环境也存在不同的差异。

我认为每个企业都应当有自己的分析机制，分析的权重可以参考我的模式，但不能一样，一样就意味着你没有学会，怎么可能一样呢？每个行业、产品、企业文化都有其背后的不同之处，一样那肯定是不合理。今天，我跟很多人说这个事情，还有不明白的，简单的拿来就用只能说明你没有思考，我们要结合企业自身的情况作出判断。

分配案件这个环节也是如此，通过这个环节，我们会把债务人分为 A、B、C、D 四个级别，这四个级别定论以后你将如何管理账款，我不做出更多的建议，我认为每个企业都有自己的标准，有的追求效率，有的追求成本，总之设置好级别后也要设置好与之匹配的管理制度，这个流程性的管理制度可是很关键的，管理商业账款不能一味地怪罪于债务人，看看自己的管理制度是否具有阶段性和层级性。

很多企业为了节约成本，在账款管理的流程上不够灵活。这个因为不灵活导致的损失是很惨重的，这种代价也是有预兆的。

我们把账款管理分为 A、B、C、D 四个级别，其意义就告诉企业你需要因为级别不同而采取不同的管理手段，而不是从始至终由一个业务人去管理账款。更有甚者因为业务人员没有收回货款而惩罚销售人员，克扣工资、奖金的情况，其就显得更加无知。只能说，企业没有科学管理方案。至于如何管理，我们在本书前文和后文都有很深入的介绍，慢慢学会后问题自然是可以解决的。

在做这个环节的时候，我们不要因为案件金额大就是 A 类，这还要结合案件本身的账龄、证据材料、债务人现状等因素来分析。2017 年我首次提出“180 天挑战应收款”的时候,我自己也不敢相信是真的可以实现。

一个好的商业账款管理机构一定是可以有始有终,从接受案件委托到案件结案,整个程序都有很详细的档案信息。这个档案信息有企业自己提供的,也有后续律师成就的,还有通过第三方购买获取的,这些都应当作为案件的档案保存。每一个案件也都应当有一系列的管理时间表,在我管理的团队里会经常把案件调给其他的律师做,并不是说原来这个律师能力不行,而是每个人在每个阶段能量是不一样的。

我们每个人都有不同的情感认知,这就有可能导致债务人对你的态度不一样,我们的天敌是惰性,惰性会让你变得不愿意更多地去尝试新的方法。当你的惰性遇到障碍的时候,你会发现它的属性可以无穷尽地放大,放大到满口胡言。就这样的结果,你还敢让业务人员去管理账款吗?我时常说,在管理商业账款的道路上,我们管理的不是账款的本身,而是我们每一次信念的成就。

你需要去体会下!

关于这个环节我提两个概念,这是关系到账款处置的阶段性和层级性。所谓阶段性和层级性就是案件在处置的每个环节都是有不同的主角,可能开始的时候销售人员是主角,随着债务人态度的转变,我们需要法务人员,甚至律师出面来协调。另外,开始我们会发催款函,后期会发送律师函,都没有显著效果后,我们就会启动诉讼程序。

一句话:“无论如何,商业账款都需要人去管理,放着没人管总是不对的!”

3.1.2 商业账款管理人员的分工

很多人会问我企业的商业账款管理到底应当是由哪个部门来负责呢?我之前也提过,因为商业账款逾期的时间处于不同阶段而需要匹配不同的处置程序,在这个处置程序里面我们匹配不同岗位上的人员。

泛泛而言,企业每一名员工都有义务捍卫商业账款的完整性,但是基于岗位职责的设置不同,我们做出了必要性的区别。我跟很多类型的企业探讨过这个话题,我在2005年开始从事商业账款管理,起初服务的企业多是外企居多,后来以资本市场上的企业为主,也有一些年产值1亿元以下的企业,当然都是制造业。他们都有控制商业账款风险的意识,但是他们管理的方法存在很大区别,尤其是管理账款人员的设置上。

我给各位做出一些案例的分析,或许可以尝试着去明白。

3.1.2.1 管理误区之一:商业账款管理真空

这是最为原始的管理方式,销售人员专注自己的市场开拓、市场维护工作,财务人员负责记账、结算,两个部门各自管理分内的事情,这就形成了管理的真空,导致账款坏账原因不明,这实质是一个真空的状态(见图3-2)。

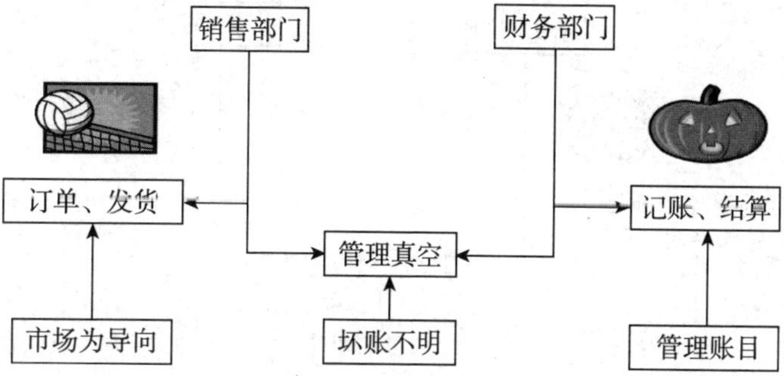

图 3－2　比较原始的账款管理方式

一个很有意思的企业，企业的财务人员知道要管理账款，但是管理的对象不能只盯着业务人员。每到月底的时候，财务人员就会追问销售人员回款情况，这肯定不合适啊！

我之前也说过，业务人员管理账款的时候会编出很多有利于债务人的信息，这也不能怪业务人员，因为他们为了完成工作要去“保护”债务人，这些是他们过去的客户，也可能是未来的客户。以各种方式努力维护自己来之不易的客户渠道，往往是商业账款收回最大的阻却事由。我们需要尝试着去挖掘真相，剖析账款管理阻却事由的真相。

3.1.2.2　管理误区之二：商业账款由销售部门管理

这种情况是把企业的商业账款全部交给了业务人员去管理，这恐怕是很多企业都经历过的一个阶段，认为销售人员的提成与回款是具有直接关系的，财务简单地管理账款，不会与业务人员就商业账款真实属性有更多的沟通，这导致的结果是业务人员提成得不到，商业账款也难以回收（见图 3－3）。

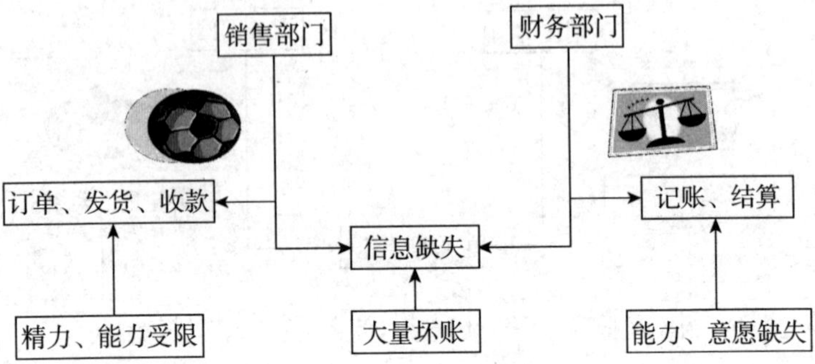

图 3-3　商业账款由销售部门管理的方式

3.1.2.3　管理误区之三：商业账款由财务部门管理

当我们产品质量稳定，专业技术精湛，在市场上具有垄断地位的时候，我们的账款是可以交给财务人员去管理的，其实这也就是简单的财务工作，我不认为这样就是让市场人员去沟通关于商业账款的事情。因为每一笔账款回款都会依照合同的约定回款，这本质还是产品决定的，不是制度的产物。问题是我们现实中这样的产品少之又少，多数的产品是需要赊销去扩大赊销（见图 3-4）。

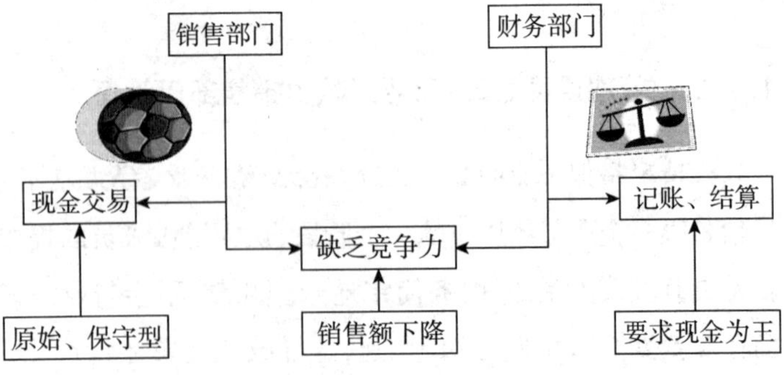

图 3-4　商业账款由财务部门管理的方式

3.1.2.4 科学管理方法,同心协力

这是最为理想的一种状态,企业设立销售部门、财务部门、信用管理部门,让这三个部门同心协力管理商业账款。销售人员与财务人员配合账款数据的更新,信用管理部门结合数据做出阶段性分析,从而根据商业账款的状态做出适时处理方案,这就是多维系管理模式(见图 3 –5)。

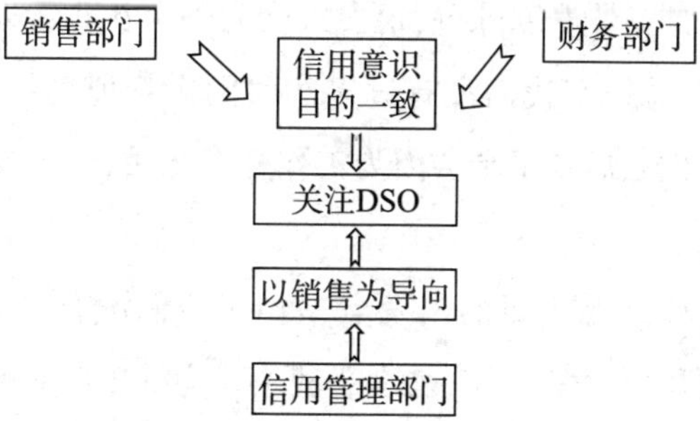

图 3 –5 商业账款的科学管理方法

强调一个问题,企业在最初实行全面信控管理时候很难马上实现一个独立的信用管理部门。一名优秀的信用管理人员培养是需要很长一段时间,这个岗位应当具备销售、法律、财务方面的知识,因此我建议信用人员是从财务或者销售助理岗位培养。人员的配置在最初的时候应当归属于财务部门,随着业务水平的提升信用部门最终独立于财务部门。

不倡导企业招聘法律背景人员来控制信用控制工作,法务具有天然解决纠纷的属性,在商业账款出现纠纷时候效果显著,但是让法务人员协助防范风险的途径,也只是局限于合同的评审,

那里的工作与法务人员是不匹配的。

从今天开始,我们就应当把人和制度都安排好,结果才会正确。

3.1.3 处置方法

3.1.3.1 商业账款催收的基本原则(TSP)

每当谈到商业账款处置,很多人会问一个在我看来很奇怪的问题,那就是总担心我们没有过多的时间去管理案件,总担心案件在委托我们之后是不是会因为工作任务太重,没有足够的时间去管理账款。

其实这些问题主要的出发点是担心我们没有时间去“跑”。之所以我要用“奇怪”二字,就在于我不认为处置商业账款一定要“跑”,也就是处理一个案件时并不是一定要面访、约谈。其实,通过我们的数据库显示,95%以上的案件不是通过“跑”出来的。这就和今天我们很多销售人员从事市场开发工作一样,已经不拘泥于“跑”销售了,而更多的是基于现代互联网平台实现业绩。

在传统的催收处置账款的过程中,由于信息不对称,很难获取到债务人的信息,无法准确地判断债务人履行债务的真实情况,就需要当面拜访债务人,这样的模式若要用到每个债务人身上,显然是不能实现的。现在科技的进步基本上可以解决信息的获取问题,通信工具让大家的沟通变得更加便捷了。

当然,我并不否认当面拜访的优势,但如果可以在当面拜访前取得有效的电话沟通,为面访做好充分准备工作,使面访可以更加有效地进行。这时候，或许有人会质疑，假设债务人拒绝接受函件也不愿意接听电话，遇到这种情况是不是也不需要见面呢？类似这样的情况确实经常发生，我的建议是要先理清楚债务人不愿意沟通的真实情况是什么？是基于债务人本人履行能力方面还是履行的意愿方面。假设债务人具有履行能力，也应当履行，只是因为其意愿缺失，这种情况在沟通无效后可以选择司法途径，若是急于见面很有可能发生不必要的冲突。

记得有一次，我给一家企业做夜训，没错就是在夜里给他们培训。在课堂上我提出这样的想法时，这家企业的老总很是激动，当即夺下我手中的话筒说道："今天，我们在这里不仅仅是学习新的模式来管理我们的账款，更重要的是要通过这次学习来改变我们之前所犯下的错误，我经常审批很多的报销单，发现每个月都有很多费用是因为外出催收账款而支出的费用，我之前也在思考一个问题，是不是我们每一笔账款都是需要当面去谈呢？今天，我们在这里学习，我明白了这个道理，我也更加坚定了自己的思想，并不是每个账款都是需要当面去沟通的，面访是基于有效的沟通后而采取的一种方式！"

我相信这位老总一定是有着很深的感触，又或是因为该企业在过去也存在类似的情况导致他很困惑，无论是基于哪一种情况，我们适当地调整自己的账款管理模式是不会有错的。

下面我们一起来研究一下通过电话实现处置结果的关键的几个问题，也就是我们时常提到的 TSP 原则。

(1)T(time，速度、持续性)

我们平日里每天都会接到很多电话，其中不排除一些电话是尝试向你引荐新的产品或者信息,你总会选择性地给予回应或者婉转地谢绝,甚至你时而还会气愤。这些情况大多是因为电话的内容所造成的。说到商业账款处置的问题,我们关注电话的内容,更关注与客户沟通的持续性,这里的持续性可以理解为你是有计划、有步骤地与债务人进行沟通,而不会基于突然间的想法,更不是基于某种压力才促使你与债务人联系,我们应当有自己的计划和步骤。所谓计划就是我们可以通过分析债务人的生活习惯来定出什么时间和债务人联系比较方便;所谓步骤就是要具有持续性,联系一定不是突然间或者是想当然地就联系,一定基于上次电话、邮件或者短信等而做出的再次沟通,通常情况下我们会在每次电话沟通过程中预设下次电话的时间点和双方需要准备的内容,以便有新的突破,否则电话沟通就只是电话数量的单纯增加,对于案件成效毫无影响。

有一段时间我总是以开玩笑的方式讲述下面的例子:有位运作顾问在中秋节的中午与债务人通过了电话,内容如下:“××总,您好!您现在在做什么呢?今天是中秋节,我在超市采购月饼,突然想到了您,不知道你是否已经准备好了?”

这段话,我基本每次做培训授课的时候都会与学员分享,其实我们都很清楚这位运作顾问的真实意思并非仅仅是问候,更多的目的是希望其所处置的案件可以有新的进展。那么在这样的时刻,问候是要讲求计划性,而不是如同这位运作顾问做得那样想当然地就打起了电话。

作为一个专业的处置人员,在通电话前一定要或多或少地做些计划,如表达的语言架构应当是什么。持续性对于案件的解决是极其重要的，只有我们的沟通具有持续性，债务人才会产生足够的敬畏感。

(2) S(skill，聆听技巧、有效分析、信息收集)

每当谈到技巧的时候都会与我们日常的总结分析联系到一起，实际上我们经常会说我们掌握了某项技能或者知悉某个领域的内部构造，这些在我看来都是基于不断总结的结果。我们平日里会处理很多的事情，其中一些事情是能取得成效的，也就是所谓的成功，当然也有一些事情是以失败告终的。因此，我们要有总结的习惯，否则，不仅会导致进步慢，还会浪费资源。我曾经不止一次地和同事们就聆听技巧的问题进行讨论，结论是专业的技巧一定是基于不停反复的训练而得到的，绝非顺其自然。

说到聆听技巧，我想起很久以前一位老师就“同理心”的塑造说过这样一句话，他说沟通的最高境界是“说听者想听，听说者想说”，这句话的意思无非就是让我们在沟通的过程中尽量表达听者所关心的内容，而在听的过程中尽量做到不随意地打断表达者的思路，并给予及时地配合。

这种行为并非“拍马屁”或者奉承，而是一种沟通的艺术表现。通常情况下在与债务人沟通的时候，总是会遇到债务人提出的各种抗辩事由比如：“你们的设备，这段时间很不稳定，是不是可以派人来检修一下；你们的售后服务质量太差，设备不仅耗电而且浪费了我们不少的耗材；产品延迟发货，你们的配件到现在都没有送齐。”这些都是债务人惯常使用的抗辩理由，这些理由有些是真实存在的，但大多数依照我们的经验来分析是不存在的，只是作为处理账款的阻碍罢了。

但是,无论他如何诉苦、虚构理由,作为专业的运作人员,我们应当有张有弛地与债务人沟通,就债务人提出的问题给予核实,并且在核实后及时地给予回复。断然不可正面对抗回击,甚至发生语言上的冲突,这样只会加剧案件的复杂性,对于案件的调解处置没有任何好处。

这里我们提到的"有效分析",应当从两个方面来解释:一是我们需要分析案件证据资料,我称为"内部";二是我们要分析债务人的目前现状,我称为"外部"。从证据资料上我们可以分析书面证据和现存的实物证据。所谓书面证据就是看看合同履行的情况,委托人是否履行了产品交付的义务,在产品交付、调试、服务等环节是否存在阻却理由,是否存在违约的先行行为。双方的账款金额是否一致,倘若不一致有没有可能通过对账函给予确认,涉及合同项下的附件、配料、送货单、合格证等资料是否齐全,所涉债权的诉讼时效期间是否经过等。

这些可谓都是一个案件在处置的过程需重点去思考的问题,否则很有可能因为案件的资料分析不够透彻而令我们处于劣势的状态。除证据资料外,我们还应当就债务人的网站、区域、行业作出必要的分析,我们都知道一家长久发展的企业,他一定会很注重企业形象,因此,其网站也自然会很注重优化。

我们不是在歧视任何区域,但区域性违约的情况在中国很是普遍,一旦我们接到某区域的案件时候,我们总是有一种特意回避的意思。这种回避,不仅体现在商业活动中,就连银行在授信过程中和国际签证的时候都会或多或少地受到影响,相信深受其害的大有人在。

每个行业都有不同的自治规则，这些规则或是账款赊销的额度或是账期，但其宗旨都是需要科学的授信模式，需要重点强调的一个问题是，在不同行业考核的时候，我们一定要注意行业的特殊性，比如建筑行业和快速消费品行业。我们就消费品行业来试着进行说明。我们知道消费品行业的最后一段是由消费者支付货款，消费者通常采用现金、信用卡等方式支付，基本不会出现逾期，即使逾期也是逾第三方金融机构的期，原则上不会拖欠消费品企业的资金。

既然在终端不会逾期，那么逾期发生可能性就一定在前端，我们都知道消费品行业多是采用直销和代销（代理销售）的模式开拓市场的，我们需要注意的是这两种销售模式大多是基于老百姓的需求随时调整，而老百姓的需求也在不停地变化，针对这样的变化，市场大多数是处于一种滞后的状态。

假设直销商或者代理商因为自己对市场的判断出现了失误，那么他们除了可以退回货物外还有什么可以做出偿付的资产呢？写字楼是租来的，人员工资随时可以结算，车辆大多不是租来的就是私有的。一旦出现危机，坏账的可能性就很大，如何有效地规避呢？答案就是对于信用的周期、额度要基于至少每个月的监控指标进行调整，而绝不是无限的拖欠，没有原则的任意宽恕。

分析完证据资料，我们就要分析债务人的现状，通常而言我们分析的证据资料中伪造的比较少，但是，我们开始尝试分析债务人现状的时候不得不更加谨慎。我们称为全面检测“偿付能力”的真实性。我们都清楚债务人不履行支付货款的理由有千千万万，但有很多信息的真实性是存疑的。因为产生了怀疑，所以就需要我们谨慎地去核实“偿付能力”的真实性。在很多案件中我们都不难发现债务人的种种苦衷都是基于伪装而来，而且伪装得极为真实。

或许大家会听到类似于“我们已经好几个月没有发放工资了”“我们正在申请银行贷款”“我们的应收款收到后立刻支付”等说辞；或许虽然债务人已经停产、停业、重整，但是，他们仍旧有享受高消费的能力，看到这样的情况又将如何评价呢？

针对债务人现状能力的分析，我们要结合债务人意愿的表现一并梳理。假设债务人的确在为企业经营而努力筹集资金，面对债权人也给予积极配合的态度，这种情况就不排除是“有意愿、无能力”的真实表现。当然这种情况也是日常做处置工作的律师最担心的，因为这是客观因素的影响。既然我们分析了“有意愿、无能力”的表现，我们也不妨来分析一下“无意愿、有能力”的情况。这种情况目前存在于我们每个人身边，无论个人信用、商业信用、银行信用，都不排除其存在的可能性。如果我们通过尽职调查就不难发现这样的债务人，他们生活并非不易，反而因为违约行为而助长了消费的资本。我们也都知道“限制高消费令”的实施已经在法院执行过程中起到了很大的作用，倘若一个自然人或者一人法人尚有未履行的债务，但仍旧可以享受高档待遇、出国消费，这样的做法显然是有悖于法意和民意的。

（3）P（press，压点、压力链的使用）

债务人总是把钱支付给对他压力最大的那一个债权人。在我们平时处置账款的时候，除了要调查债权本身可实现的财产外，不得不对债务人内心的偿付意愿给予干涉，希望可以使其得到改变，让债务人履行支付货款义务。事实上我们依照法律的规定向债务人主张权利的时候，的确可以得到部分的回款，而对于那些置之不理、漫不经心的债务人我们却总是无奈。通过研究案件我们不难发现，债务人都是有“软肋”的，这些“软肋”或是体现在对公司品牌的保护上，或是基于企业体制的特殊性形成的。

对于处置账款的原则而言，简单理解就是：你可以说，但你一旦说出来就必须要去落实。面对众多的赊销体制，我们可以指定很多方案，在方案里我们设置很多门槛以及处置流程，这些设置好后我们就必须要去实施，而不能一味地退让、妥协，否则你只会成为永远被债务人“随意应对”的那类人。

面对债务人不作为的表现，我们很多债权人显现了无奈的表情。“压力点”用对了，我们就需要“压力链”的配合，往往债务人在松懈的时候，我们很难确定他是基于什么原因松懈，但这个链条一定是连续不断，具有持续性。假设今天早上与债务人进行了电话沟通，电话中与债务人可能提到账款所涉及的合同、发票、对账单等，当然最重要的是我们还有可能聊到了如何支付这笔货款的问题，甚至我们还有可能就没有支付这笔货款的原因给予了分析。无论从哪个层面来分析，这样的沟通是有效的，因为我们不仅聊到了案件的形成过程，也聊到了案件的实质方案，但无论如何我只认为这是个“点”，连压力都没有沾边，也就说这样的一个程序还没有涉及压力的使用，这里我们仅仅是对案件的基本情况做出了沟通。若是我们再进一步提及如何安排支付的问题，这样就自然涉及“压力点”了。

我们可以感受到“压力点”的缘由其实很简单，可是我们大多数人却抗拒提出来。接着我们尝试把“压力链”介入，当我们提出问题后，我们一定要等待这个回答的准确性、可执行性，而不是简单地敷衍了事。一旦我们有了新的“节点”承诺，这个过程就形成了“压力链”，前提是我们要利用好自己已经创造好的节点，否则就会前功尽弃。

3.1.3.2 电话催收五部曲 POWER 原则

电话催收五部曲

我们知道通过电话可以解决商业账款的很多问题，但是我们在真正使用的时候会遇到很多问题。比如，和债务人通完电话才想起打电话的目的；因为彼此都不愿承担责任而相互推脱；有的债务人因为已经知道你的用意而拒绝接听你的电话，或者直接使用软件阻止了你的呼叫等情况都有可能出现。

为了让电话沟通更有效率，我们可以运用一些技巧，也就是“电话催收五部曲”，我们归纳为 POWER 原则。这个原则基本上把以电话为工具的处置过程描述得很清楚，可以充分利用通话前的有效计划和通话中的控场技巧。

(1)打电话前的准备

字面上我们不难看出这个行为是在电话没有接通前的准备工作，这个工作在后期电话接通后会起到非常重要的作用。在后期遇见的种种问题若可以通过这样的准备工作提前做好必要的规划，在未来就一定可以提高效率。原则上我们与债务人沟通的前提一定是要充分了解案件的基本情况，比如，逾期账款的形成时间、最后一次沟通的形式和得到的反馈、联系到何种层面，除此之外，我们还有必要对债务人的公司做出详细的了解，对于发现的诉讼信息和行政处罚信息要做好记录，这些都有可能对未来案件处置的过程起到作用。

作为专业的处置律师或者法务人员在案件接手前通常情况下是不会与债务人有机会沟通的，对于案件形成的过程也是很难把握，尤其是在与债务人谈及案件标的物的时候更是不知所措。为此，我们很有必要在先期的准备工作中就案件涉及标的物的质量、交付、验收等事项与知情人员做一个很深入的交流，从而避免在后期沟通中出现误会。当然，我们也经常假设很多种可能问到的问题和针对这些问题的解决方式，我们并不排除对关键债务人的性格进行分析，以此尝试最优的解决方案。

当我们把涉及的问题归纳好后，再着重地对问题焦点进行总结，同时将这些信息记录在笔记本上，这样我们与债务人沟通的时候就可做到心中有数，也可以增加债务人的信任。

(2)最佳开场白

与债务人沟通是一个系列性的话题，这个话题讲究程序性。我们不可能一开始就迫切地与债务人见面。过去很多次我面临这样一个问题：很多客户会问我多久与债务人见面一次，或者是什么时间与债务人见面。

不难发现，提出类似问题的人还处在较为传统的模式中，在过去传统的市场管理模式中就是依靠登门拜访来商榷还款的可能性。被问多了之后，我开始总结自己过去的处置经验，事实上我发现一个规律：债务层面表现优质和表现劣质的两类面访概率是最低的。

因为没有什么好谈的,无非就是如何履行债务问题。而那些因服务欠缺、质量瑕疵、延迟发货等问题导致的不良债务才需要见面沟通,即使见面我认为也一定是在必要的基础之上而行之。针对是否需要见面的问题我们简单地进行了了解之后,重要的是如何才能使第一次与债务人的通话变得更有效果。

最佳的开场白显然可以解决后期是否需要高频率面访的问题,也可以增加后期的信任度,从而使案件更高效地结案。那么,最佳开场白我们可以从以下几个方面理解:①时间最佳;②内容最佳;③身份最佳;④压力点最佳;⑤程序最佳。

(3)解决方案

基于商业不良账款形成的原因,我们在排除债务人因无意愿而拒绝支付的情形下,有的是因为买方和卖方的人员离职导致货款没有收回,也有的因为双方的财务账目不清晰导致无法收回,还有因产品质量的瑕疵导致无法回收等。

无论是因为基于什么样的情形没有及时回收货款,处置人员首先一定要根据现有的债务资料和债务人现状做出处置方案。在设置方案的过程中要充分考虑以下几个方面。

证据,证据是一笔货款是否可以成功回收最为重要的基础性资料。证据关系到真实性、关联性、合法性。

①证据的真实性。证据的真实性是证据所反映的内容应当是真实的,客观存在的。任何案件事实都是在一定的时间和空间发生的,案件事实发生后,必然会在客观外界遗留下某些物品或痕迹。但在一个案件发生后,人们在对物品或痕迹的反映通过语

言、文字陈述出来的事实，都属于经验事实，并不能完全反映客观存在。因此，法律规定，书证应当提交原件，物证应当提交原物，一切证据材料必须经过查证属实，才能作为定案的依据。

②证据的关联性。真实性固然是证据的重要特征，但仅有真实性的证据材料还不能成为证据，还必须与案件事实存在客观联系。与案件情况没有联系的客观事实，不能起到证明案件真实情况的作用。证据与案件事实的联系是多种多样的。有因果联系、条件联系、时间联系、空间联系、必然联系和偶然联系等。其中，因果联系是最主要的联系。与待证事实没有联系，证据材料不具有关联性，不能作为定案的依据。

③证据的合法性。提供证据的主体、证据的形式和证据的收集程序或提取方法必须符合法律的有关规定。关于证据的“三性”，我在本书中一直重复提起。这个在不良资产的处置过程中是极其重要的，我们很关注债务人存在的真实性。也就是说，是否可以成功回款，债务人经营的现状是极为重要的，有的案件证据资料很齐全，但是，债务人面临破产、停产等状况，也是很难实现处置目的的。

在不久前，我参加了一个处置项目，案件证据资料很齐全，但债务人偿付能力匮乏，涉及多家银行贷款逾期，在这种情况下若一意孤行地以回款为目的，显然很不利。债务人涉及经营不正常，未知因素太多，我们最终提出了“解除合同”的协商方案。看起来这样的方案相对于订立合同之初而言是损失了不少，但是，一旦该债务人进入清算、破产程序后不排除原合同标的物会被列为资产分配的可能，那样债权人损失将会更大。

处置的方案是基于证据和债务人现状而定的，前者可以使理解为静态，后者是动态，我们在处置的过程中可以灵活运用处置技巧，最大可能地实现债权。

(4)得到承诺

承诺是处置环节关键的一个节点，是前期所有工作的一个结论。前期所有的准备工作、商务协商都是为了得到一个承诺，一旦有了承诺，我们需要尽快落实到文字，将承诺以书面的形式确定下来，将承诺的内容细化，以便后期有效跟踪履行。

承诺是一种结果，且是有效谈判后的结晶。承诺是源于双方妥协的过程，既然涉及妥协，就不排除会出现反悔情况，反悔不单单是相对于债务人而言，相对于债权人而言同样存在反悔的可能性。所以，每次谈判定论前都要给予充分的告知未来的权利和义务，若没有充分告知，就不排除一方反悔的可能，这对于处置人员而言是失信的，后期的处置阻碍自然会加大。

得到一个有效的承诺前，所有阻却的可能性理由都要一一排除，在排除障碍的过程中需要始终关注目标，在实现效能的同时要加大效率的提升，而不是一味地在同一个问题上纠缠不清，否则，不仅会影响效率，甚至可能错失良机。

(5)对爽约的立即反应

打电话之前，我们需要准备的是这通电话是打给谁的，也就是谁欠钱、欠的具体金额、谁是关键人、预设对方可能提出的问题以及我们如何应对等。另外，我们需要准备有关关键人的个人信息并告知对方，作为一个善意的提醒。在打电话之前我们先查找其法定代表人，找到公司采购经理之后反问他需不需要再去找一下其法定代表人，把这件事再沟通一下。这些话术很有用，对其产生的压力也会很明显。我们所讲述的找准关键人，对账款的回收有举足轻重的作用。

另外，找到了关键人后我们仍需要做的是确认对方付款的意愿，如果愿意付款，或者已经在准备付款的，我们要进一步确认是电汇还是承兑，如果是承兑是哪个银行承兑；如果是电汇，账号我们也要确认。

对于身份这一块儿，我不愿意说我是以法律人的身份去干吗干吗，无论我们是销售还是财务、信控，一个身份的表达对于一个企业来讲一定是逐级上升的，最重要的是要产生一种压力。所以，我们可以假设身份制造一些压力，作为催收人员，给自己压力也是给对方压力，例如，我们的款按照我们的规定，三个月没有收回，将由公司的区域经理、总监去处理，他们处理不了的将交由我们的信控部门、法务部处理，若还收不回来，我们将启动公权力诉讼来解决，这是公司内部的一个处理流程。这些话术可以在电话中向对方说明，这算是公司的内部规定。当然除了这种比较官方的，我们也可以用情理来打动对方：

“×总，您看我现在每个月的奖金就只在这应收款中，我之前一向都处理得挺好，你这样一来，我的奖金也没了，您就当是帮帮我，做个好人。”

“×总，您看我即将要升职，这件事也算是一个考核项，能不能升职全看您给不给帮忙了。”

我们所运用的方式中，法律只占一部分，融情于理打动对方，人都是有恻隐之心的，这也算是一种善意的谎言，给对方施加压力,合理合法。

当然,我讲的这些方法,并不是说针对所有的客户,90%的客户都是用常规的方法就可以把款收回来,只有10%的客户需要采取我说的这些方法,这10%的款能收回来对我们企业来说自然也是值得的。

开场白一定要注意语气,不能一开始就是要钱的态度,我们要做的是为什么要催,这笔款收不回来我将会受到怎样的不利后果。对爽约行为,如客户说他们不欠钱、发票没收到、产品质量有问题等,我们要立即做出反应。

对方可能会敷衍地答复,这几天很快银行贷款就拨付了,客户没有支付我的钱,等几天钱进账即可付,还有服务未有完成了,这几天审计,老板出差,没看见发票,没有账号等理由。我们需要立即反应谁和我们之前沟通了并答应了我们的要求、谁核实过、核实是否准确、何种途径、谁负责跟踪,不单纯是到账了事。在这里,我再次强调,这些方法并非全部都要用上,只要一招就可以了。我们要做的是熟练掌握其中某一招,之后的案件类似处理就可以了。

电话处置账款的过程中,需要特别的注意的几个问题

(1)通过声调、语气、语感来充分展现自己的专业形象

我们都知道电话沟通不像当面沟通一样具有压力,一般要求催收的人员要具有适当的表演力,当然也要善于表演,利用自己的声音、声调、语气等展现出专业的形象。电话沟通的过程中仅仅是通过一条电话线来传递自己的思想,这需要语气来修饰通话的内容,让对方感到急迫性,感到必要的催收压力。

(2)对电话内容要善于记录

我们要求每一位催收人员原则上除了电子数据记录外，还应当对每个案件都备有纸质的记录表现形式，这也是要求从记录的形式上增加记忆，提升账款处置的成功信念。记录的内容包含债务人承诺的还款日期、还款金额，甚至于对债务人还款资金来源也需要必要的记录，最后对于本次电话或者面访的时间也要逐个记录完整。

(3)通过巧妙的倾听掌握有利于案件进展的信息

债务人通常电话中，反复地表述案件形成的过程，我们听到此类没有意义的信息时，作为一名催收人员不应当打断债务人的谈话。我们要充分分析债务人所表达内容的真实性、关联性等，只有你充分核实清楚后才可以将案件的真实原因分析透彻。若你不给债务人表达的机会，或者债务人表达的内容你不去核实，这样你就只有委托人一方提供的信息，处理案件时候，债务人自然不会给予配合。

就尊重债务人的角度而言，我们也应当善于去聆听债务人的辩解，从而来判别债务人真实的情况，通过债务人透露出来的各种信息研究下一步的对策。

运用电话来做好商业账款催收的基本原则

(1)速度和持续性

速度和持续性是商账催收的核心，如果款没有收回来，一定是在持续性上有问题，要考虑自己在每次跟债务人要款的时间点和催要的数额，若每次都记住了，这就体现了持续性，然后一步一步走。如果我们不能做到案件的持续性操作,不能使案件有一个持续性的进展,你再从头来催收,一次次地重回原点,这个案件很难成功。

之前在给一个企业做培训的时候,他们说很难做到每个案子都能这样保持持续性。我的回答是,你们不是专门的催收团队,手里不可能有七八十个案件,你的主要工作是管理好客户,开发新的有效市场,整天催收货款怎么能行。

我的建议是:把手上的十个八个案件,也就是把个别的案件做持续性催收,然后将这些案件用手机、在本子上、电脑上做个提醒,告诉自己要做的事情,并且要记清楚第一次和债务人沟通的内容。

我们难免会忘记每次沟通的具体内容,我们不妨做做笔记,提醒自己。但这并不是说需要很专业的记录系统,只需要一个本子就行。记录的内容越详细些越好,下次和债务人联系时,你就把记录的内容读给债务人听:××时间,和××联系,因为什么事情,××答应我应该在××时间做了什么事情。现在这事情该怎么处理,债务人肯定会说忘了,债务人忘了没关系,但我们不能忘,你就跟债务人说我都记在本子上了。这一举动肯定会给债务人留下一个深刻的印象,债务人会觉得我们跟其他公司不一样。

当我们把这件事记心上之后,你会发现你做梦都能梦见。我在做债务催收时经常梦见自己和债务人沟通、与债务人开会。当你对案件达到这个程度的时候,你一定会想办法解决这件事,这强大的力量不是自己给自己的,而是你之前所做的努力推动着你往前走,这就是我们所说的持续性。

其实从我们专业的角度来说,最疑难的问题不是大家去解决的,大家只是在最疑难问题的前端去努力。如果说我们把这最疑难的问题再往我们自己身上跨一步的话,我们大家就可以去尝试着攻克一些。

(2)聆听技巧、有效分析、信息收集

从始至终我都在贯彻聆听的技巧,要心平气和地和债务人讲,而不是上来就吵,要切记注意这一点!在与债务人沟通时,债务人肯定会讲很多什么设备没完工、款项没到位等,债务人讲的这些不是针对你,只是在发泄。

总而言之,我们先听债务人讲完,等债务人讲完,我们和他讲:

“×总,听您讲完,我的心情和您是一样的,但是对我们公司来讲,我们公司也面临着资金的压力,我个人生活也面临着极大的压力。”

讲这些的原因也是在强调聆听和沟通的技巧,不要说那都是他们的事情,不关我的事,问题不是解决了,怎么还没解决好呢等。还有一类是质问对方说话不算话,这样的话不到最后不要轻易说出。我们可以换个话说:

“×总,您可以说话不算话,但是对于我来说,我能说话不算话吗?您看我们答应你们的事情,关于产品的质量、我们发货、我们的售后服务等,我们都做到位了,而您承诺我的事情,您完成了几项呢?反过来,您对我的承诺没兑现,老板对我的评价可不是对您的评价,款没收回来老板会批评我,说我没能力啊!×总,您说我是不是看人看错了?”

另外的表述：

“×总，您看我们以前从没有合作过，但现在您这边因欠款不还，都不敢买我们的货了，导致多少利润没赚到啊，我们的产品多么的好啊！”

通过这种方式引导他，这样的聆听技巧也是我们电话沟通的重要方式。

(3)压点、压力链的使用

关于压力，我也说过很多，从家庭的压力、社会压力等各个方面。我们现在来分析一下这个压力来源合不合法、可不可行、适不适当。我们很少接触到电话不接、短信不回、邮件拒收的情况，但是，当我们遇到这种情况时，我们可以做适当的调查，比如，对方的家庭地址、直系成年亲属的联系方式等信息，调查这些做什么？前面我们说了，你的债务人出现了无法联系的情况，你有必要通过他的关联人代为转达你的意思。

因此，合法地找准关键人、压力施加得当是解决问题的关键所在。

(4)电话催收的技巧

做好电话催收之前的充分准备：

第一，掌握足够多的相关资料，包括债务人名称、地址、付款期限以及订货资料中的相关合同、货物明细和交货日期等。

第二，需要明确电话应该打给谁也就是找关键人包括签合同的人、收货的人、财务人员、采购人员。

第三，打电话的最佳时间，我从不认为打电话时间需要我们去区分，我们从没有这个限制，甚至大年初一我们都会打。我告诉大家一个观点,只要我们的方法合法合理,没有什么不行的。

第四,需要再次重点强调,债务的准确数额要自始至终不断地提,电话沟通开始用开放式的问题,学会保持沉默和强调要点,然后提一些需要回答"是"的问题,态度冷静坚持,对其实际困难要积极提供帮助。

第五,要谨慎"承诺并不代表付款"继续追踪他的行动,直到他付款为止。但是,我们也并不是说每天固定时间、固定次数给他电话,债务人会习惯的。

我们要不定时地给他短信或者电话,有时候给债务人打电话,说:

"我今天给你打电话我会问你是否方便,那是因为我认为我们之间还存在沟通的余地。如果有一天我的公司给我不间断的骚扰,我也可能对你产生这样的压力,我想你将很不愿意在和客户谈判的时候、和家人一起吃饭的时候因为我的电话而影响心情"。

我经常在感受到债务人有一点异样的时候将这句话告诉债务人,以降低他的心理排斥。

第六,可以从企业征信网和法院执行网上收集必要的信息。

总而言之,电话催收牢记5条金律:

①用独特的开场白赢得客户注意;

②要以积极的信任而不是批评的方式展开对话;

③尽可能给客户"留面子",铺好台阶;

④如果自己有错误就坦诚地承认;

⑤不怕拒绝并获得一个明确的付款承诺。

账款处置涉及的关键性问题

在处置逾期不良账款的过程中，我们需要预先设置好必要的话术和预测未知的问题，而当我们与债务人沟通的过程中所表现出来更重要的还是技术表现，而非案件的实质内容。案件的实质内容只是更有利于法庭的审理，而在非诉处置阶段。

我们并不会过多地关注实质内容，如合同的成立时间，发票是否开具等类似问题。那么到底还有什么比这些实质性问题更有用呢，下面我们介绍一下这些非实质内容的问题。

(1)把握原则

我们都知道日常中最不愿意做的事情就是去做追索欠款的事，这倒不是因为有多么的不好要，而是我们总是碍于情面违背了自己预先设立好的原则。无论我们之前如何有效地、科学地设计好了处理的流程，但是，一旦遇到债务人可怜兮兮的样子，或者一旦发现有些隐约的合作契机就开始松动自己追收货款的信念。

以前，我经常说做商业不良账款的处置工作，很大一个层面是围绕着信念而展开工作，在整个程序中我们始终认为凡事必有因果。让每一个案件在进入司法程序前都可以得到充分的调解机会，这种信念的核心思想是并非每个案件出现纠纷就一定要通过司法途径解决，通过适当的调解一样可以实现。我理解适当的调解是基于信念的支撑，通过平衡双方的利益而实现的结案过程。基于信念的支持我们在实施处置方案的时候原则上是不偏移的，同时我们不受无谓的诱惑而改变自己的想法，应当坚定自己的信心，时刻清晰地告诫自己的主要目的是什么。

有一次，我陪同一个客户去江阴拜访一个债务人，一路上客户不时地炫耀自己企业的发展历史，彰显自己的管理能力。这些我都可以理解，但是，一谈到我们将要拜访的这个债务人时候，他立刻显得极为气愤。

案件发生在3年前，客户从债务人产品的实验到正式投产持续供货一直保持着合作，但合作的账目都不是很清晰。债务人是一家从事“镀光”行业的加工型企业，所采购的产品较为零散，双方也一直未有对账，这就导致一直未有清算。客户表示债务人的表现极为恶劣。到了债务人的会议室后，债务人派出了5位谈判人员，分别从采购、财务、销售、质检到总经理，很显然债务人已经做好了充分的准备。会议开始后债务人就产品的质量瑕疵、延迟交付、返工赔偿等一系列问题进行了阐述，这一阐述足足讲了近1个小时，随后又开始从双方友好合作至今存在深厚情感等开始阐述。

此刻我实在无法忍受，当即表示：

①我们本次来的目的很简单，就是针对目前双方账面的债务金额给予确定和支付，这和过去是否存在情感没有必然联系。

②倘若质量瑕疵、延迟发货等问题客观存在，你们需要的赔偿是多少？

③若赔偿金额达成一致，余款何时支付？

在问完这三个问题后，债务人立刻沉默了，更令人惊奇的是没有任何人可以回答这三个问题。在我的再次追问下，债务人表示需要内部会议商议后才能予以回答。这样的回答显然是在敷衍，临走的时候我给予对方5天的时间回复，否则我们不排除采取法律手段维护自己的合法权益。

在回上海的路上，客户相对于去的时候显得很沉默，他问我为什么每次来商讨债务的时候都需要把过去的事情重复来重复去呢？事情谈判了近1年了也没进展！听完他的表述后，我告诉他主要是因为缺失原则，对方采用的就是简单的拖延战术，若你有自己的原则规划自然早已进入新的程序，就是因为每次都改变了自己的原则所以才没有新的突破。这样的情况不是发生在他一个人身上，大多数企业家都会遇到类似的问题，这或许就是和专业账款处置人员的区别吧。

与债务人见面或通话的时候内容很重要，我们不需要过多的寒暄和客套，更不要聊些和催款没有关系的事项。我们只有一个目的，就是何时可以支付款项。我见过太多的催收人员在收取货款的时候总是做出不必要的寒暄，这些不必要的寒暄往往导致债务人产生很多误解。在谈判的过程中，我们完全没有必要轻易地退让，倘若出现产品质量瑕疵、延迟交货、售后服务不佳等因素，我们也不必退让，正确的做法应当是积极地面对，尝试找出事情发生的真实原因。

账款处理的过程中不要随意性太强，这里的随意性指因为种种顾虑而随意改变自己的规则。如我们已经预先设计好处置方案，但最终总是不能有效实施。账款处置的过程是变幻无穷的，虽然长期处于动态，但也是可以找一套有效的规则。

比如，我们在预先设计的方案中有时间的预设，那么当处置期间遇到预先设计的障碍时，就必须依照下一步方案实施，而不应当无限期、无原则地继续下去，否则不仅给自己带来不利影响，也会让债务人养成不好的习惯。

(2)你也很缺乏资金

我们都知道企业在发展的过程中通常都会缺乏资金,不可能出现资金使用不完的情况。当企业发展到一定规模必然会涉及壮大问题,无论是从不动产还是动产方面都需要大量的资金投入。

这里的资金可能是企业因为利润而存储的,也可能是有新的投资人以资本的形式介入的,还有可能是企业通过银行的贷款或者其他金融机构外借而来。上述任何一种形式对于企业而言都是需要成本,只是使用的风险大小存在区别而已。既然存在成本那么企业就会研究如何控制资金成本,显然就目前而言"无息"是具有代表性的。

企业总是希望可以在付出很少成本的情况下使用资金,那么在企业日常经营过程中有效控制供应商的货款就显得极为重要。也就是说,企业在合理时间内控制货款的支付方式对于控制资金成本就显得很重要。

一旦延期太久不支付,就有可能受到债权人起诉,要是按时履行显然就没有实现资金成本的控制目的。所以,我们经常去向债务人索要欠款的时候,发现债务人总是找出不同的理由来阻碍,而这些阻碍通常不具有真实性,现实中很多企业最终的目的总是希望可以在不受处罚的时间内履行支付义务。这个"处罚"我们可以理解为诉讼。

当我们向债务人主张债权的时候,债务人必然会表示资金紧张这样的意图,实际上每家企业都存在这样紧张的情况。作为债权人，我们一定要有自己的立场，假设我们拖欠供应商的钱或者我们有银行的商业贷款未能如期履行，那么我们的债权人又是如何考虑的呢？我们要有坚定的信心告诉债务人，我们自己的资金也很紧张，我们也同样存在资金紧张的情况，即使资金不紧张，我们也可以通过金融产品的手段实现资金最大限度的规划。

有一次，我陪一个客户前往债务人处商讨拖欠货款的事情，会议开始的前30分钟，债务人将过去的合作关系反复的强调，随后又将产品的使用情况描述一通，整个会议议程并不是围绕欠款问题展开。

无奈之下我阻止了会议的进程，当即询问了债务人所拖欠的货款如何解决。这样的话题抛出后，债务人立刻表示资金紧张，又开始尝试用双方的合作关系甚好等理由来阻碍话题的延续。对于债务人这样的表现我们已经早已习惯，最后在我们多次沟通下债务人定下了还款计划。

或许有人会问："有了还款计划不还是没有结束吗？还是没有拿到钱，这好像意义不大！"事实上，从诉讼角度分析上还款计划是极为重要的，可以说在法庭的审理阶段，有和没有还款计划对于法官审理案件情况而言是不同的。换个角度出发，订立了还款计划也是给予债务人一个重新的认识，一个新的压力点。

(3)拒绝订单诱惑

在与债务人沟通偿付债务的时候，我们不时会听到客户告诉你他们有一个很大项目即将招标，而且招标的货物恰好就是你生产的主要产品。我想大多数销售经理会经常遇到类似的问题，面对这样的问题，我们就应该"当断即断"。如何来解释这样的表述呢？

首先，我们要回忆一下你目前正在处理的这个案件是如何形成的，是因为产品质量瑕疵形成？还是产品售后服务人员未有及时地履行服务义务？还是你所不知道的其他情况呢？

但无论什么原因所致，至少有一个问题你是清楚的，那就是你之所以会出现逾期账款，一定在先期存在赊销的行为。没错，也就是这样的赊销行为会让这笔业务出现了逾期，而真正的原因是你希望这笔业务可以带来利润！

有的客户在你催收的时候会先给你“画大饼”，你是不是经常在催收货款的时候听他们说：

“等我把这些货全部出售了就会收回很多钱，一旦回款后就会积极支付你的货款。”

“我新上的这些设备能带来多少利润等。”

客户会拿潜在的销售额、订单等作为筹码与你讨价还价，这个时候你千万不要被客户所忽悠，你需要做的是仅仅坚定收款的决心。

当然，我们需要分析的是客户许诺的真实性，通过判断许诺的真实性来分析是否有必要让步，以防止因为遥遥无期的许诺，导致你的商业账款迟迟不能回收。

有这么一个案例，大约在 3 年前我们通过法院起诉，由于案件的证据资料需要鉴定，案件连续经过 2 年没有判决，大约在即将判决的时候我接到委托人要求撤销案件的电话。

委托人在电话中表示，案件撤销的主要原因是他们的一个销售人员即将与被告签订一个较大的项目合同，但由于目前存在诉讼案件,故一直审核未有通过。所以,被告要求委托人必须撤销案件,案件撤销后他们即可签订合同,否则拒绝订立新的合同。这个案件已经进入法庭审理阶段,经过了质证、辩论环节,很快案件即将宣判,若宣判后我们胜诉且被告没有上诉的话,我们即可申请强制执行被告的财产。我们将这样的道理告知委托人,委托人还是强烈要求撤诉。案件撤销后大约半个月,委托人再次来电,询问原诉讼案件是否可以再次立案。原来被告为了达到让原告撤诉的目的,精心筹划了一个虚拟的项目,竟然是虚拟的项目!

所以,合同签订后迟迟不履行,无奈之下委托人想起来再次起诉。原本即将宣判的案件因为撤诉,再次启动诉讼程序无论在精力和金钱方面都是浪费。

(4)催收的最佳时间

美国信用管理相关法律之《公平债务催收作业法》中有类似的规定,“商账追收机构不得在债务人不方便的时间给他(她)打催账电话,特别是在晚间9时至早晨8时”。催收人员若要违背了上述的法律规定,美国的相关部门会给予相应的处罚措施。我国目前尚未建立这样的处罚机制,但是,我们不建议很随意地给客户打电话或者刻意地突击拜访客户,这样的做法未必对案件进展有好处。与客户见面沟通时,我总是听到有的客户说只要“烦死他,盯死他”货款就回来了。

事实并非如此!我们每年要接受大量的案件委托,这些案件由不同类型的债务人组成,有国有企业,也有民营企业,各个地方的债务人都有,我们不会刻意地因为债务人本身的企业性质和地理区域来策划处置方案,而是依照案件形成的过程来设计处置思路。

事实上,当我们与大多数债务人沟通的时候,焦点不是欠款的数字,而是形成欠款的原因,这才是处置账款的突破思路。

那么,究竟在什么时候面访债务人比较合适呢?在什么样的时间致电给债务人比较合适?这样的问题我们不用过于纠结,我们更需要思考的是我们带着什么样的目的去与债务人见面和电话接通以及我们需要关注的是什么样的问题。至于说我们关心什么时间合适,倒不如说我们关心讨论什么内容更合适。

我之前也讲过,我们有一位律师在中秋节的中午给一位债务人打电话,她是这样和债务人沟通的:

"×总你好,今天是中秋节,我正在超市购买月饼,突然想到了你,不知道你今年中秋节哪里过"?

这看似问候式电话,实际上是提醒债务人下午有笔账款需要支付了。同样是在一个很重要的节日里,我先是与债务人财务通了电话,告知了来意后,财务人员表示由于是农历年刚过,希望我不要与他们的负责人联系,显得不吉利。电话挂了以后,我通过手机给债务方负责人发了一个消息,告知他原本要给他致电,但是,由于顾虑到他的感受没有打,希望他看到这则短信的时候可以询问一下相关人员。短信发出后 10 分钟,这位负责人主动向我详细地介绍了货款未有履行的主要原因,并且提出了处置方案。从电话中我不但没有感觉到债务人反感,而且感觉债务人对我心存感激之情。这个案件在过去的 3 年多时间经历了好几批人商谈,均未有结果。他很希望我这次与他共同努力,将这个案件做一了断。

分析到这个时候,我们或许会有些不同的想法,过去我们总是听说很多的传言,通过很高频率的面访、电访来尝试改变债务人偿付债务的意愿,我不否认这种方法行得通,但一定不科学。科学的处置方案,一定要基于案件本身的事实情况来确定。帮助债务人去解决他实际遇到的问题,不回避自己不当之处,更不要推辞本身应当承担的责任。

我相信,只要是善意想解决问题,多数债务人都会积极地面对,反之亦然!

3.1.3.3 信函的使用技巧

在账款催收的过程中我们除了使用电话、面访,还有一个很重要的工具就是信函。信函的种类很多,我们通常使用的比如催款函、律师函、询证函、提醒函、说明函、备忘录、债务信息更新表等。函件的使用很有技巧性,由于函件本身是种固定性的文字表现形式,不需要过多的情感流露也无须激烈的语言对抗,相对于面访而言成本较低,相对于电话而言证据更容易形成,同时信函比较正式,可以签发给大量客户,比较便宜。设计规范专业的信函会给客户留下良好的信用管理形象。大量账款可以通过信函催回,一名优秀的账款处置人员会在恰当的时候运用不同的函件来提醒债务人偿付债务。

下面我们来聊聊运用函件的过程中我们需要注意的一些问题。首先你千万不要以为一个接受过高等教育的人就可以书写得很规范，我看到过很多可笑的函件，文件的内容、格式、文字表达错误百出。

函件的收件应具体到某一具体职位的某一个人员，在我们起草信函的时候很容易出现一个习惯，就是在信函的抬头写上“总经理”“负责人”“领导”等类似没有职务的人群签收，更有甚者连收件人都不写，这样做法显然是不正确的。

我们一定要注意一个问题，这张函件发出去一定要有一个具体的人员收，本身处置账款就是具有责任心的一件工作，大多数人不愿意主动配合，在这个时候你若是用一个没有关键联系人的形式发送了一个函件，大多数人看到这样函件也是不愿意配合的。

我建议一定要将函件的收件人明确到某一个具体的人员，而且在函件的具体收件人上不要写很多人收。若是你希望这个函件可以是很多人收取的，建议你可以分为多个文件，给你希望收到的人每人 1 份函件，具内容一致，只是信函的抬头有些变化。

信函可以通过电子邮件和邮寄的方式送达，原则上我们会依照债务人不同性质的表现形式采取不同的投递方案，电子邮件是比较容易获取的联络方式，我们通常发送信函，一般是发送两遍同样的内容，这样是为了确保可以收到，同时也是希望引起重视。选择邮寄信函的，建议采用 EMS 邮政快递，这样能起到诉讼时效中断的作用。

当然，我们需要在邮寄单据上明确本次信函的内容，比如，写上“本次邮寄的文件内容为关于催收 × ×金额的欠款一事”。信函自投入邮局后即视为本次主张债权的法律行为成立,至于债务人拒绝签收还是因地址不详退回都不是阻却法律行为成立的理由。

有一个案例,债务人是家大型企业,管理层之间相互推诿,无奈之下我们向该企业的股东和董事会成员均发送了律师函,函件中对案件的成因进行了介绍,还对债务人的“不作为”进行了描述。函件发出后不到3天,债务人来电表示其内部已经达成了统一意见,并且指派了关键性的人物进行跟踪。

案结事了之后,我在和他们的采购部长闲聊中得知,债务人收到函件后立刻召开了会议,每位参会者都收到了我们寄出的律师函。应该说,这样做起到了效果。每个人都收到函件,也就没有回避的必要了。

任何一份信函我都要写明发件人的职位与职权、回电号码,以方便联系。大约在2020年的时候,我们接到一个金额5万元左右的案件,案件诉讼时效期间已过,涉及的案件送货单、发票等委托人一时间也难以提供,这让我们运作顾问接到案件的时候很是苦恼。要知道一旦与债务人联系,他们只要表示没有拖欠债务,而委托人在没有任何证据可以证明欠款存在的情况下,这案件就只能关闭了。

运作律师依照流程首先向对方的财务人员进行对账申请,当对账单发出后的2天左右,债务人来电表示刚刚支付了欠款,同时说了如下一段话:

“我们一直想支付你的货款,但我们的采购人员和你们的业务人员离职导致我们不知道你的联系方式,这让我们很是无奈,感谢你们这次发来的函件，让我们明确地知道欠款金额以及联系方式”。这段话说得很是客气，在债务人的语言中他没有任何的气愤，相反倒是有些歉意。

案件就在委托后的2日内结案了，委托人很难理解。当我们把处置的方式毫无保留地告知委托人时，委托人很难信服！

以前我出过一本书，是法律出版社在2007年出版的，书名是《揭开商业不良资产处置的面纱》，我就是想告知大家，收款这个事情真是不难，难在你盛情难却，难在你没有恒心。实际上我们需要做的就是点点滴滴的细致，把这些很小、很细的，看起来微不足道的事情做好，你的账款回收的概率也就大大提升了。在本章的上几节我提到过与客户面访的时候不需要过分客气，太多无必要的寒暄可能会让你忘记了你的目标。同样在信函中也如此，我们需要信函的语言要确切、简明、直接，没有多余的套话。

基本上我们把握几个核心即可，首先我们需要阐述我们因为何种原因启动了这函件，启动原因需要对必要的时间、标的物、标的额加以说明，若是之前有过因为处置不良资产而与债务人沟通过，那就需要将与债务人沟通的情况加以描述，最后我们不可以忘记的是你发函的目的和对方不依照函件履行你即将启动的程序，基本上一个函件具有上述的框架内容即可。

既然是函件，我们就尽可能做到用语准确，简明地将内容表达出来。对于不确定的内容要充分地解释，以免造成误解。对于相对比较重要的内容我们需要写在显著的位置，必要时候可以用不同字体或字号给予区分。也就是说，主张的货款金额要写在信函前部的突出位置,而不应当埋没在正文中。很多函件看起来不仅格式不准确,就连文字的形式也令人难以理解,比如“时间段”的写法,我们时常看到要求类似于“七日之内支付”这样的表述,由于我们的函件目标性很强,具有唯一性,那么在信函的时间上就有必要将日期写得更加清晰。我们可以尝试将要求对方履行的日期写得更为具体,如“2022 年 8 月 1 日之前付款”。

整体来说,信函长度尽量不要多于一页,但一定要将上述的几个要点写清楚,如资料较复杂,则可附一张清单复印件。由于一个案件我们可能会因为债务人不同阶段的不同意愿而要发送不同性质的函件,但是,无论如何我们每次都要告知客户你已发出多少封提醒函,且只能有一封最后通知函。最后信函若用电话跟进更能引起客户重视,本身账款处置是一个系列的动态程序,而不是静态的点状表现。

3.1.3.4 面访过程中需要关注的问题

原则上来说,我们不会因为追索债务而见面,不要在没有基础的情况下拜访债务人,这里的“基础”指为实现回款而必须采取的法律行为。也就是说,拜访的前提是我们原则上必须有个基础,而这个基础可以影响处置方案的结果,并不是我们随意跑到债务人公司直接去拜访债务人。

说到这儿,有的人说,我就想去“堵门”,想给他一个“突袭”。这是可笑的行为!

另外,因为追索债务而拜访客户就无须太多的客套话,依照自己预设的方案即可，不要轻易因为债务人的"哭情""激动""无理"而改变自己的策略。充分地站在债务人的立场上思考债务人的心理预期，通过沟通调查核实清楚债务人真正没有履行义务的主要原因是什么，而不是一味地逼债，我们下面介绍一下面访时候需要注意的问题。

面访是最直接的一种方式，它相对于电话、函件形式而言更有压力，通过面访也是比较容易获取证据。由于面访需要必要的交通工具和各种形式的单据，我们就很有必要将这些单据进行分类，以防止后期在诉讼过程中丢失。就诉讼时效而言，通过面访的行程单也是可以起到诉讼时效中断的辅助作用。

证据的有效与否、证明力强大与否，这些要点我们在后面会有详细的介绍。在面访中你必须要从始至终都要有形成证据的观念，这种观念并不一定是为了后期诉讼作出的准备，而是在后期万一需要证据支持的时候，得以让我们的诉讼过程更为轻松而已。

拍照。现场拍照是运用摄影技术，真实记录、固定现场状况及与法律行为有关的痕迹、物品的一种技术方法。不仅是行政执法中一种很重要的证据，对于自然人实现自己债权的过程也起到关键性的作用。由于其直观性，对重现现场情形，印证其他证据起着不可替代的作用。现场照相应力求客观、真实、全面，能充分证明待证事实。完整的现场照相应当包括现场方位照相、现场全貌拍照、现场中心照相、现场细目照相。在实际操作中，由于条件和方式的限制，经常遗漏了重要环节，使证明力大打折扣。

(1)现场方位照相

现场方位照相应记录、固定现场位置与周围环境的关系，要把现场及周围有显著特点的道路、建筑物等同时表现出来，如要反映出面访者的地点处于周围什么位置、周围环境中有些什么显著的标志等。

(2)现场全貌照相

现场全貌照相应记录、固定现场全貌和现场内部各个部分之间的关系，它是一种概貌照相，比如要反映出非法运输车辆以及货物的全貌。

(3)现场中心照相

现场中心照相又称现场重点部位照相，它记录现场的中心部位和反映现场主要物体特点及其与临近物体、痕迹之间关系的一种照相形式，比如要反映出厂区大门的门牌号牌、面访入门单的时间等。

现场照相是处置不良账款过程中一种有力的证据固定方式，如果取证程序和方式加以规范，使其更符合民事诉讼证据的要求，不但会提高在民事诉讼甚至刑事诉讼中的采信概率，对案件本身的处置成果也是一个促进。

外访人员到达目的地后需要对周围环境进行拍照取证。拍照时必须将目的地的门牌号码与自己同时入镜，否则照片原则上不具有证明力。实际外访中常会遇到无法找到目标地址的情况。在我国很多二级城市或地区，因为道路改造、区域规划或历史遗留原因，很多街道都没有完整的门牌号码，甚至当地的居委会也没有详细的地址记录。外访员在遇到无法找到确切地址的情况时，必须将最近地址的门牌号码拍摄下来。上门时如果看到外访地址有查封文件或其他证明文件，也需要拍照存档。

实际情况中客户门口可能会有多家公司的催款通知或外包催收公司的催收函，这些也应该一并拍照记录。照片证据形成后应当妥善保存，至少存储在 2 个电子媒介内，以防丢失。

3.1.3.5 录音、录像的适用和录音证据取得的技巧

相对于拍照而言，录音、录像形成的证据难度会更大。主要原因是因为拍照是自己证明就可行，而录音、录像形成的证据需要在一定的环境下，甚至是在一方不知情的情况下形成的证据，法律对于这样的规定又存在适用的规则。

最高人民法院《关于未经对方当事人同意私自录音取得的资料能否作为证据使用问题的批复》曾经规定，未经对方当事人同意私自录音取得的资料不能作为证据使用，以违法证据排除规则排除使用。

对录音证据而言就是说，如果录音证据的持有者采用了侵犯他人隐私或者违反法律禁止性的规定，比如录有他人隐私或在其工作或住所窃听取得的录音资料，仍然会被排除使用。

但是，有其他证据佐证并以合法手段取得的、无疑点的视听资料或者与视听资料核对无误的复制件是有证明力的。要使该录音证据成为判决依据，必须符合两个条件：其一，录音证据的取得必须符合法律的规定，录音双方当事人的谈话当时没有受到限制，是自觉自由的意思表示，是善意和必要的，是为了保护当事人

合法权益和查明案件真实情况;其二,该录音证据录音技术条件好,谈话人身份明确,内容清晰,具有客观真实和连贯性,未被剪接或者伪造,内容未被改变,无疑点,有其他证据佐证。

但在现实中当事人往往缺乏取证技巧,导致获得的录音证明力不足。在此,探讨一下有关录音证据的取证技巧问题。

(1)录音时间和地点的选择

从有利诉讼的角度来说,录音应尽早进行,而不是因为准备诉讼才开始着手准备诉讼材料。

(2)录音器材

尽量选择体积小、易隐藏、录音时间长、音质高的设备。采访机、录音笔或手机都可以,最好是可以进行复制的。

(3)取证前的准备工作

在谈话的过程中要有意识地得到债务人的确认,并把握好尺度,包括事先考虑好所提问的问题和对方可能的态度,应该如何诱导对方表态等。至于是否要事先约见,则应根据情况而定,径直上门容易获得“攻其不备”的效果,但也有可能遇到意外情况,如被对方拒绝或者因其他原因使谈话被中断。

(4)避免冲突产生

在处置商业不良账款的程序中需要面访的,我们建议尽量要提前预约,这样对债务人也是一个尊重,若是一直未有预约成功,也就说债务人极为不配合,我们可以采取法律诉讼的方式,借助公权力的力量实现回笼货款的目的。

(5)结束

面访人员在最后即将离开面访现场的时候,需要与债务人做一个总结。总结内容要涉及后续账款支付的时间和条件，如没有如期履行，应当给予适当的处罚告知。涉及书面的文件一定要双方签字给予确认，录音、录像、书面文件带回公司后要交给相关部门保存，相关部门要进行扫描归档。

3.1.4 提醒制度

这个制度我是从 2020 年变更为“提醒制度”的，实质上称为“预警制度”或许更为恰当些。由于我本人更加希望商业账款可以处于一个良性的状态，从而习惯性地称为“提醒”。大家看到这两个字就会很善意地理解为一些事情他人忘记了，需要我们去提醒下，我们又会知道提醒多了以后就开始警告，这个过程实质上就是我们说“试金”过程（见图 3－6）。

到期付款	➡	电话提醒付款，询问是否收到“付款通知单”
逾期15天	➡	发出第一份催款函，电询对方负责人
逾期30天	➡	发出第二份催款函，停止供货，取消信用额度
逾期60天	➡	发出第三份催款函，尽量对客户进行拜访
逾期90天	➡	发出第四份催款函，咨询专业机构，诉前准备
逾期超过90天	➡	做专案处理，委托专业征信机构催收
逾期超过180天	➡	法律诉讼
……	➡	判决、执行，或破产清理

特意提醒：可以依照不同行业、不同企业阶段做出适当调整。

图 3－6 提醒制度的具体内容

提醒无非是通过书面文件来催促债务人履行义务,有的人说我都是通过电话、短信、微信来提醒,这样是否可行呢?我认为可行是可行,但是作为证据来使用的时候,你会发现原始文件已经没有了踪影,这里我们需要确认下证据是否可以有效地保存,这显得很重要!

我会说我们提醒制度解决的不仅是现实的催收管理过程,还要有未来证据确定的原件,你不得不认同这样的观点。

我时常会尝试去问问我们大家一个问题:"你认为一笔商业账款在什么时候去收款会比较合适?"

"逾期后7天、15天,还是30天"?甚至有的会说公司问我的时候,我就去催。

"到期前7天",这是我的答案。

之所以我们要求在到期前7天就去管理账款,这是有原因的,我们大家都应该是有信用卡,信用卡免息时间通常是45天,而我们会在还款日前15天的时候收到银行的短信,其内容会告知你应当偿付的金额,偿付的期间,顺便会教你如何去做出分期。我已经习惯接收银行的短信提醒了,没有了短信就很容易忘掉,这种处理的方式和我们企业具有同根同源一脉相承的意思。

到期前7天左右的时间我们通过邮件将一封提醒函发给客户,告知其付款时间、付款金额、收款账户等,留下我们的有效联系方式,确保对方对于函件产生疑问的时候可以与我们取得联系。函件这样发出去还不行,我们还需要对于函件做出跟踪,也就是电话询问对方是否收到,在电话过程中我们顺便尝试问下付款的意愿。有时候函件收到后当作没有收到,或者收到后提出各种问题,比如发票、质量、服务等方面的问题。这个不重要,重要的是他内心的真实意思表示,你通过函件是否可以区分出来。这就是函件的价值,此刻你的账款还没有到期,你若是可以分辨出稍许的不确定性因素存在,你必然算是启程早的,那么到了债务人债务繁多的时候,想必你的速度会很快。

下面是我在做课程训练的时候经常跟学员分享的函件文本,大家可以借鉴下。

常用函件范例

付款通知单(NO. 20210810 -13)

需方:×××××××

供方:上海×××公司

合同号:sh -20210706

合同金额:500,000.00 元人民币

贵司已于 2021 年 7 月 10 日支付 150,000.00 元人民币;根据合同约定,贵公司应于 2021 年 8 月 15 日之前支付合同剩余款项为 350,000.00 元人民币。

合同订购货物:灯杆　　　数量:150 根

发货日期:2021 年 7 月 10 日

发票号:000152

请贵公司于2021年8月15日之前将货款350,000.00元人民币汇至我公司,如有异议,请及时与我联系(联系人:××,电话:×××××××××)。谢谢!

汇款请至以下账户:

账户:

开户行:

账号:

上海×××公司

贰零贰壹年捌月壹拾日

催款函

尊敬的王先生:

我们仍未收到贵公司8月份货款RMB 350,000.00元,此笔货款一周前即已到期。

这笔货款包括:

7月10日——合同号97064　　发票号000152

产品:灯杆　　数量:150根

合计金额:RMB500,000.00元

贵公司至今为止已支付预付款人民币150,000.00元。按照合同规定：贵公司应于2021年1月1日前支付清所欠剩余款项（人民币350,000.00元）。但至今为止，我们仍未见到贵公司的付款，也未见到任何回复。

请您于今日付清此笔款项，如果有任何问题会影响付款，请即刻来电告诉我们（联系人：××，电话：×××××××××）。

汇款请至以下账户：

账户：

开户行：

账号：

上海×××公司

贰零贰壹年玖月壹日

催 款 函

尊敬的王先生：

您好！我们已于2021年9月1日给您传真了贵公司逾期未付货款的清单和要求立即支付的信函，但至今仍未收到任何答复。

此笔逾期应付账款总额为RMB350,000.00元，截至今日已逾期一月之久，我们上次的提醒函也未收到任何回应，我们认为这势必会影响两公司之间建立的长期友好的业务关系及将来的继续合作。

在贵司急需此笔产品时，我们尽全力提供了支持。目前此笔款项的逾期未付已经对我们的经营运作造成不良影响，希望贵司本着“诚实信用”的经营原则及“重合同，守信誉”的企业精神，请贵司于2021年9月25日前将此笔款项RMB350,000.00元汇至我们账户。

希望贵司能够尽快办理付款事宜，根据我们信用策略，在此笔货款到账前，我们将不再接受贵司的订货，并根据合同保留向贵司收取迟延付款利息之权利。如贵司有任何疑问，请收到此函后立即与我部门联络（联系人：××，电话：×××××××××），以商议具体付款细节。

汇款请至以下账户：

账户：

开户行：

账号：

上海×××公司

××××年××月××日

催 款 函

尊敬的王先生：

贵公司于2021年7月向我们赊销订货合同中的未付款项总额为RMB350,000.00元，详细情况在2021年9月1日的清单中已经说明。

令人遗憾的是此笔货款至今未付，我们也未接到贵司对支付货款提出任何质疑。针对此情况，我们于2021年9月1日、2021年9月30日给贵公司采购部及其他管理部门发出催款函，但未见任何付款行为。

贵公司此举已严重违反了“公平交易”的原则。对我们的利益业已造成了极大影响和损害。希望贵公司本着“诚实信用”的经营原则，请在2021年10月15日前，务必支付RMB350.000.00元账款至我公司账户内。

我们将不能容忍继续拖延此货款的行为，如贵司在此期限内仍未付款，我们将采取必要和强力的追收措施，不排除委托专业公司进行追讨及使用法律诉讼手段来解决。

无论我们采取何种方式，都将要求贵司支付货款、利息及其他额外付出的追收费用。我们非常希望能避免通过以上途径解决问题，但只有货款立即付清才能阻止事态向不愉快方向发展，否则我们别无选择。敬请贵司理解。请贵司充分重视此项付款事宜,把握机会。如贵司确有还款诚意,请收到此函后立即与我部门联络(联系人:××,电话:×××××××××),以商议具体付款细节。

汇款请至以下账户:

账户:

开户行:

账号:

上海×××公司

××××年××月××日

以上函件不必然都要发给每个债务人,我们都知道商业账款是处于动态的一个过程的,在这个过程里有的账款是允许你去依照流程全部走完程序的,我们就需要提前实现些必要措施,比如请求法院做出保全等。而且,这些程序并不是一成不变的,它需要结合企业本身,与电话、面访相互配合才能起到效果。

我仍然需要对于函件的起草提出几点想法,如果你想将函件发给债务方的某个人,我们需要在信函中注明其姓名、职位,而不是出现“负责人、法人”这样的字眼。

函件语言要确切、简明、直接,没有多余的套话,这也是大家经常犯下的错误,我见过很多函件开头使用了很多的感谢语言来表达彼此之间长期合作愉快等内容。这在我看来对于管理商业账款是没有必要的,我们仅需要把你发函的目的和缘由表达清楚即可，记住你发送的可不是感谢信。函件下方要记得留下发件人的职位与职权、回电号码，以方便联系。

大约在 2019 年，我们接受了一个委托案件，涉及设备款收回的，设备在国外，但设备所在国国内发生了战争，导致项目迟迟不能验收，这笔货款也未支付。至于没有验收是否成为本案的阻却事由我就不多说了，之前写得很详细。

我们的律师与对方的项目经理、财务经理、采购经理进行了多次沟通，但迟迟没有进展，给的理由很简单，就是依照合同约定未验收就不能支付货款。

这里面有个技巧，与项目经理、财务经理、采购经理沟通本来是没有问题的，但是问题出在他们都没有做出决策的权利，而可以做出有效决策的人员对于本案并不知情。

为此，我们能让具有做出决策权的人知晓此事就显得很重要。

什么样方法可以让具有做出决策权的人知道呢？电话、面访都很难实现，但是我们可以邮寄文书，也就是邮寄信函，你可以把你想说的话，想表达的思想以及你未来将要做出的行为都可以在信函上写出来，寄给决策人这样具有决策权的人将会看到。事实也正是如此，我们在寄出信函的时候需要跟项目经理、财务经理、采购经理预先告知下，征求下他们的意见。

以下是函件的主文：

本律师在与贵司商议上述欠款的过程中，贵司提出要求委托人提供“履约保函”后即可付款。本律师随即提供了上述函件，但贵司项目经理胡××以及其他相关人员又提出需要对上述设备进行调试，本律师通过必要核实发现该设备已经送达超过2年，且不具备调试条件。依照相关规定不再负有调试义务。

但本律师与委托人多次请求，本着友好合作、为贵司解决问题的态度，特派工程技术人员已经前去××现场调试，然而调试仍然未有完成，主要原因是现场其他设备未有安装到位。本次调试并不视为委托人认可需承担法律上的调试责任。

本律师认为这样有效解决问题的方式是对贵司最大的尊敬，但贵司出尔反尔的做法违背了诚实守信原则。本次律师多次与贵司财务××、采购××、项目负责人××沟通，未果。本律师希望××董事长、××总经理可以给予必要关注，以防不必要的诉累。

就是这样函件，我们发给了董事长、总经理，以及其他几位高管，函件收到后7天委托人就收到了全额货款。

3.2 管控逾期款

3.2.1 特殊程序

我把商业账款管理环节里的特殊程序理解为司法程序，这个司法程序涵盖了诉讼、仲裁、破产和重组程序。为什么这个显得比较特殊呢？笔者认为，在这个程序中，没有证据情况下可谓多是“巧妇难为无米之炊”之处境；有了证据的情况下又是“指雁为羹”。

殊不知我们进入这个程序之前是浪费了很多完美时刻的，商业账款管理是存在最佳时间的，我认为这个时间应当在逾期 90 天内，过了这个最佳时间以后收款的难度会逐步增加，甚至恶化为呆坏账，这是很多企业都防不胜防的事情。尽管如此，我们还是有些案件会流转到特殊程序。

在这个程序中，我先从管辖上为大家讲清楚，然后再谈谈案件审理过程中遇到的问题，这样我们就会知道如何去预防特殊程序中出现的困难。和大家聊这个话题似乎比我们聊法条要有意义得多，大家要是想了解法条可以去看《民法典》，讲法条的律师也大有人在。

另外，我不得不说一个事情，我说自己是一名律师，那是在庭审的时候；在日常工作中我更愿意说自己是个法律工作者。我骨子里极其不愿意将一个案件送入审判程序，那一纸判决好似说那是一种"无能"的表现。为何这样说？倘若律师是有能力的，为什么不能调解成功呢？所谓的商事有什么不可以协商的呢？送上了法庭，最起码也是"无奈"的吧！

在律所的每次面试会上，我都会很认真地和每一位备选律师阐述，在言忠理我们不能因为自己有律师的身份，就想着每个案子应该开庭。而是穷尽所有办法将一个案件在非诉程序结束，即使进入了司法程序，也要配合法官积极地沟通，这样不减少了诉累，更是提高了工作效率。

案件进入司法程序，法院就要开始忙了，律师也要准备庭审证据，当事人要的是什么？要的无非是钱？我想，我们需要更努力一点、更真诚一点，案件或许就可以在诉前调解了，这对于法治建设、当事人都是很好的结果。对于律师而言,你要的是什么?无非是当事人支付的律师费,你细想一下,一个案件从开庭到执行需要多久呢?你真的认为撇弃非诉沟通渠道,而热衷于去穷尽诉讼程序,这样的做法好吗?

律师办案要的是效率,当事人也要效率。

3.2.1.1 关于案件管辖

律师在准备诉讼案件的时候,通常先去研究纠纷解决的类型,有的合同约定是仲裁,有的约定是诉讼,约定仲裁需要分析仲裁是否有效;约定诉讼的需要去分析约定地是否违反专属管辖等。

我尽量把上面两个问题解释得让每位非法律人士都可以看得明白。

一般而言,仲裁是专指民商事纠纷的仲裁,我们听说过劳动仲裁,这里的商事仲裁是不包括劳动仲裁。仲裁委员会有的地方是两个仲裁委员会,大多地方是一个仲裁委员会,而且在地级以上的市才设有仲裁委员会,也就说县级是没有仲裁委员会的。

说的这些有什么用呢?在你设置合同纠纷解决的时候,你就不会选择一个县级来仲裁,还有你需要去查下这个地方有几个仲裁委员会。这样你就清楚地知道仲裁委员会选择之前,你要确保这个地方是有仲裁委员会的,而且你在合同里明确到了这个仲裁委员会。要做到这个程度才有意义,否则仲裁约定无效,只能选择诉讼。

仲裁案件管辖不受级别、地域的限制,没有专属管辖的问题,也不受法律规定的法院专属管辖的限制，也就是法律规定的专属管辖只对法院受理的案件具有约束力，对于仲裁案件是没有约束力的，因此，对于专属管辖的案件，如不动产纠纷、继承纠纷、与港口作业有关的纠纷、与破产债务人相关的案件等，都可以约定仲裁管辖，不受管辖地和案件的专业性质的限制。选择诉讼就不一样了，诉讼有专属管辖，比如上文说的不动产、工程施工等就是专属管辖，在这样的合同里约定管辖是无效的。

仲裁相对于诉讼而言是保密的，整个程序不会公开；诉讼就不同，涉及诉讼的案件在立案程序、审理程序、执行程序都会公开，除非法律规定的不公开的除外。这样我就容易理解有些企业多年来只有执行未有审判程序的原因了，那是因为他们在纠纷解决程序选择了仲裁，但是他们又未有履行仲裁裁决，因此申请人向法院递交了执行申请，也就有了执行公开信息。

仲裁是一裁终局，只要一个仲裁程序完成之后就可以出具裁决书，没有所谓诉讼程序里面的上诉机会，假如你对裁决的内容有异议也只能通过法院去申请撤掉这个裁决书，在裁决书未有撤销之前你仍然要履行裁决。诉讼就不同了，诉讼是两审终审制度，一审判决后，你不服可以在 15 日内向上一级人民法院提起上诉，上诉后会出现不同的结果，有可能改判，也有可能维持，还有可能发回重审，是不是感觉和仲裁完全不一样呢？发回重审又是一次新的开始！

我已经把仲裁和诉讼这两个事情说清楚了，下面我再说说订立合同时，怎么选择合适的管辖地，这当然首先要排除专属管辖。

我们不妨设置为“起诉方所在地、原告所在地”，这样的表达相对于设置为“甲方、乙方”要相对温和一些。

送达不能一直是法院比较头痛的问题,这是因为被告或者被申请人地址变更所致,无奈之余法院只能采用公告送达的方式,这样诉讼的时间就会延长。我们需要去预设未来一旦诉讼环节可能出现送达不能的情况,我们就必须在合同里约定好法律文书接受的有效地址。这或许还不是文书的问题,包括我们因为标的物而形成的相关文书亦是如此。

3.2.1.2 诉讼材料的整理工作

法官审理一个案件,首先是从法律关系上去区分证据的归属,根据证据的“三性”从而推导出违约的事实,做出公证的判决。律师也是如此,律师和法官都非技术人员,不可能对于每个案件标的物的性能做出分析,那么,为什么不了解技术的人却可以做出判决呢?这就是证据的法律关系所形成的理论基础。

证据在法庭审理过程中是核心,一方对另一方负有交付或者给付的义务都是依照证据来确定的。案件很多,我们整理好证据会有利于法官梳理案情,这样可以大大提高效率。这个工作需要在合同履行阶段完成,而不是在庭审的时候。

我们以商务合同缔约方为基础,确定合同当事人为适格的原被告,随后我们依照合同的条款去寻找诉求是否具备条件,比如你的诉求是解除合同,那么我们就看看合同是否存在根本违约,是否导致合同不能实现的事实。再如,你的诉求是索要货款,那么我们就看看合同里的付款条件是否符合要求。合同要求交付货物后、验收合格后,收到发票后,质保期届满后,实验完成试运行 168 小时后，他方支付货款后再支付下家货款，等等诸如此类的约定，随后我们就需要一一对应去寻找这些要件是否成就，这里并非都一一成就，那么会对没有成就的原因再作分析，比如没有验收的原因，签收货物人员是否具有授权，发票是否抵扣，质保期起算时间等，你会发现这又是一系列的证据。

法庭就是这样，一环一环、一层一层地把根源找出来。我们需要做到的事情是提前做准备工作，告诉法官你的思路，而不是一股脑儿地交给法官，让法官去梳理一定不如你自己梳理来的顺利，因为你是当事人，更加了解案情。

我们处理逾期账款的时候，不能单纯地要求支付，认为支付是唯一结果。在管理逾期账款时就加强证据意识也是非常有必要的。比如，我们可以尝试索要付款计划，有了这样的文件既可以表明债务偿付意愿，也有助于日后诉讼中增强证据的证明力。特殊程序没有太多预防作用可言，这或许就是亡羊补牢。

3.2.2 警示制度

商业不良资产问题需要很认真对待才可以解决。一个企业想做好商业账款管理工作，不能仅限于喊口号，那一定管不好的，要有断臂之信念，久而久之就能养成良好的管理习惯，自然也就能良性循环了。信用风险控制不仅有严谨性，同时也有灵活性，信用风险控制过程是动态的，动态因素朝着更为安全的静态方向调整。这些年，通过对很多案例的分析和与很多客户的交流，我们总结出几条很有意义的建议，希望通过本书可以让更多的企业在今后赊销过程中做出更准确的决定,避免出现不必要的损失。通过多年以来有效的实践证明,实现应收账款的可能性存在诸多因素。这些因素或涉及信用原则,或涉及信用规则,无论如何变幻,其必有始终。

内外兼修,这是什么意思?要想把货款收回来,就要前提做好两个方面的工作准备。

一个是内部因素,另一个则是外部因素。

内部因素解决的就是证据问题,这个证据不仅需要形式主义,还要有实质主义,形式主义是你有没有的问题,实质主义关注是否有效的问题。举个例子,你说有送货单,我们看看送货单是书面形式吗?送货单上是否有产品的型号、数量、日期、签字呢?签字的人员是谁?你是否认识?是否有他的联系方式?你说没有,那么到法院开庭的时候,法官就会追问上述事项,你不清楚,回答的不够完整,那就会直接影响到法官的判决。

外部因素说的是债务人的现状,我们是否可以联系的上,债务人目前的经营状态。这些是归属于外部因素。我们都知道你即使有很齐全的证据,倘若遇到债务人吊销、歇业了,你也是无可奈何。外部因素变化看起来我们无法左右,但是只要我们可以做好及时更新,他一旦有了新的变化,我想你一定可以及时处理。

上述的两种因素,是我讲课过程中最喜欢跟大家分享的内容。这也正是回答了很多学生的问题,他们总是问我:

"我们如何有效、及时地管理好应收账款呢?"

你只需要做好上面两个部分内容,就可以实现这个目标,难吗？当然很难，难在我们需要去提升理念，养成好的习惯和制度，一旦养成了好的习惯，也就不难了。

2009—2010 年，我开始帮助外资企业解决光伏行业的商业账款，只要有案子基本是可以回款的；2011—2012 年帮助大中型企业解决光伏行业商业账款，回款的成功率大致在 60%。

2014 年，我们还是可以接受些债务人为光伏行业的案子，那会已经基本上很难回款了。

无论是什么时间段委托的案子，他们的账龄大多都是 2009 年形成的，只是他们处置的时间不同罢了。他们处置的时间不同，导致他们的回款成功率也不同。

后来，光伏行业的公司大批破产。有人就问我为什么外企他们可以提前预知呢？我的回答是：

“他们又不是预知未来，仅仅是按照内部流程处置罢了！”

3.2.2.1 账款管理始于到期前，不始于到期后

我说三个“事”。这里需要注意的是“事前、事中、事后”，只有全面、科学地信用控制管理，方可最大限度地控制应收账款的风险。信用活动本身就是一个动态过程，而非静止不动，很难确定客户在什么地方、什么时间、出现什么风险，事前调查就显得尤为重要。这个阶段我也叫“信用分析”模块，在这个环节里我们还没有与客户签订合同，就是说还不存在权利义务的关系。我们需要解决的仅仅是我们要不要跟这家公司合作，如果要合作，我们是否有风险这样的问题。

这个环节成本低、技术能力要求不高，现在获取信息的渠道

很多,你只是需要会去分析就可以,甚至不用开口说话,这个程序就完成了。我们不能因为这个程序简单而不去做,恰恰这个程序不去做,后期就隐藏巨大的风险。

事前调查,是指在企业开展一项信用活动时,首先要做的就是对即将签订合同的客户进行全方位的资信调查,实施客户资信管理制度和企业内、外部的信用评级制度,建立资信调查和评估管理机制。无论是企业的新客户还是老客户,资信调查和信用评估都是必不可少的步骤,也是决定企业后续管理步骤成功实施的前提和关键。在调查客户资信情况的时候可以充分利用数据库管理的先进性,详细地掌握各种客户信息;在对客户进行信用评级的时候企业应将定性和定量的方法有效相结合,最终得到较为真实客观的客户信用等级情况说明。数据收集在当下已经不是很难的事情了,我们既可以通过第三方征信机构获取,也可以自行前往有关部门直接查询。

企业征信活动的事中管理是指已经与客户产生了合作关系,订立了合同,就合同约定的权利义务已经开始行使。这个环节既是证据获取的最佳时机,也能给合同履行的潜在风险埋下种子。在真实了解客户资料和信用等级的基础上展开了赊销行为,对客户授予一定的信用交易额度,开展了以信用交易为手段的销售活动,我们需要随时控制信用风险,在这个阶段最容易出现的。这个事中管理的步骤是对前期活动的后续应用,是基于事前科学评估后采取的实施行为。

当然,良好的事中管理不仅能够弥补事前管理的不足,也能够预防事后账款管理的风险,减少事后账款管理的成本,对于企业信用活动的最终完成和账款的顺利收回具有重要意义。企业内部授信制度的实施重点和难点在于对客户信用额度的授予决策，我们需要在人情世故与原则上权衡授信的标准，我们很多企业在遇到这两个问题的时候，左右为难，不知道如何是好。我想跟大家说的是，作为信用经理，这是一个原则的问题。授信原则是首要任务，那么既然授信原则是首要，是不是就不需要去考虑人情世故呢？当然要的，不然就不会有我说的修正值。这里，我需要提醒你下，修正值不是人情世故，能修正的一定是资产的抵押或者具有执行力的保证措施，你必须要明白这个核心道理。

我们很多人都会有这样的感悟：因为签订一份合同我们不得不放弃某些原则，甚至铤而走险，其实不然！

你真的认为这样抉择可以获得利润吗？

我接触过很多企业信控经理，从和他们沟通中，我总结下来，大多数信用控制比较好的企业都可以依照评估体系，严格执行信用策略，拒绝和信用策略相冲突的临时性变化。记得有一次在拜访客户的过程中，恰巧这个信用经理接到一个销售的电话，在电话中我隐约感觉到是一个销售人员请求放开信用额度，从而实现其签约的目的。

由于这家企业的信用策略中有一项规定，即所有因赊销而发送的货物都需要这个信用经理签字。显然，来电原因是该信用经理没有签字，电话中那位销售表示客户是极为重要，实力相当雄厚，只是暂时资金短缺，导致没有预付款，且后期款项也需要一定账期。这样的要求没有得到信用经理的同意，随后这位信用经理问我该如何运作？我的解释是：类似这样的情况是否有些补充增分项，比如是否可以在合同条款中增加“所有权保留”或者“连带保证责任”呢？

这就是修正值。

通过这样一个小小的事情不难发现，其实我们所谓的优秀信用条款并不是一成不变，更不是阻碍实现销售目的，而是在合理、科学的有保障的前提下协助销售人员实现销售目标的。那些管理者不仅需要对客户信用等级的客观评定，更需要综合运用一系列信用额度测定方法，有时可能还需要企业管理者的主观评定等。

企业应收账款的最终实现和债权得到有效保障才是企业信用管理的最终目的，因此，对信用活动的监控就变得尤为重要。企业实施信用活动时，监控是通过启动企业应收账款管理制度和债权保障制度来确保企业账款的安全回收，这对于企业提高盈利能力和竞争力具有重要意义。企业应收账款管理制度实施的重点是通过各种债权保障手段的实施使企业应收账款控制在合理水平，最大限度保障账款的安全和化解信用风险。

如果一定要在以上描述中给予扩充的话，我认为信用管理基础建设是最为关键的。

回顾我国的信用管理模式发展历程，起初也就是协助赊销群体提供必要的信息，比如通过工商部门获取一些企业注册信息，10 年前和如今相比就信息公开透明度而言可以说是天壤之别，直至 2010 年前后才有些较为发达的城市实行免费获取工商信息服务。

有一次在江苏的某个城市，我要查询一家企业的基本档案信息,通过复杂的程序后还要缴纳数百元。要知道,那时上海已经免费提供企业基本信息查询了,且程序极为便捷,这就是自然人获取法人基本信息最为常见的一种模式。

很多债权人可以自行或通过第三方获取诸多信息,但风险无处不在,无法控制逾期账款,这就需要结合企业自身的情况加强与债务人的沟通联系,做到既合理处理合作关系,又让债务人依约履行其债务。太多的债权人意识到自己的应收账款收不回来的时候,才开始考虑去弥补,才明白事前监管的重要性,这可能为时已晚。

事前管理成本最低、技术不高,但是习惯难以养成,这就需要建立科学管理体系倒逼形成事前管理的习惯。事中管理成本一般,技术较高,这种管理习惯基于公司要求趋于形式化,事后才知道这些都是事前可以预防的。事后管理成本最高,技术要求强,习惯性拖欠会导致习惯性延后催收,如果事前、事中没有管理好,就会造成极大的损失。

3.2.2.2 识别拖欠货款是廉价的资金成本

"免息贷款"是信用赊销过程中潜在的另一种资金含义。大家都明白这样一个道理,当我们向客户提供产品或服务的时候,有很多交易模式,比如"现款现货""分期付款""信用赊销",不同的销售模式将影响着企业不同层面的现金流。相对发达的国家或相对成熟的产品总是采取"信用赊销"模式,这主要是基于市场竞争的压力而致。

"信用赊销"模式有诸多优点,比如可以增加销售份额、提升产品信任度、减少客户资金压力等。但是，若未有合理科学的信用策略，这将给企业带来极大的风险，这样的风险主要体现在资金流层面。当企业发现资金流出现异常，才开始去规范逾期货款的时候已经很是艰难了。

我记得在一个企业的代理商年会上，我听到不是说哪家代理商业绩做得好，而是在讨论哪个代理商业绩好，听到大家在“攀比”谁欠企业的货款多，谁拖欠的时间长。其实我想说的是这些拖欠恐怕都不用支付任何利息。有的人说会有违约金啊，我们合同不是很清晰地约定了延期支付货款要支付违约金吗？这么多年来，我见到很多延迟交货需要支付违约金，很少有因为对方逾期支付货款而收到违约金的。

越来越多的企业开始采用无期限的拖延货款，将货款转为自己的投资资金，用于采购设备、车辆、房产等，这样的行为对于债权人而言是极为不利的，债权人将面临两方面压力：一是成本资金来自银行贷款，需要偿付利息；二是债务人的货款随时可能出现呆账、坏账。

我们需要在逾期前基于科学性规划，将授信流程设计好。把信用管理平台分为事前、事中、事后，如果再加一个基础设置的话，我们可以分为四个流程。大部分欠债人并不是没有钱，只是想拖延，就想获得免息贷款。

不少的企业每年都会尝试给债务人发送对账单、询证函、催款函等，假设债权人发送后因为债务人没有收到而无法反馈，这倒是容易理解，我们所担心的是债务人收到了函件就当没那一回事，没人去管。这里我们就会涉及这个催款函如何去发？发给谁？以及如何去跟踪？我居然看到有的企业偷偷地给对方发了个催款函，这样的意义何在呢？单纯是为了延续诉讼时效倒是可以理解，倘若是为了完成公司程序就不对了。正确的做法是我们在发送函件前需要给对方充分的沟通，沟通这份函件的意义，以及收到后得到什么反馈，这样做的目的是更加有效地保证函件的价值。

大部分企业的营运资金是不足的，他们只会付款给压力最大者。中国有句俗话说："会哭的孩子有奶喝。"

谁哭的声音大谁催收得急，就给谁，一样的道理。客户的不良付款习惯是由供应商培育的。多数的企业从这个应收款一出去也就没去管了，每个月顶多打打电话催一催，事前也没有告知应收账款逾期的管理模式，事中没有发函，事后也没有采取实质性的措施，这给债务人一个拖欠的机会，久了也就不了了之。我们一开始就应该给债务人一个态度，让他知道我们企业征信管理很规范，账款的回收不是销售一个人的事情，是企业的事情。

我认为收账的成功率和接触的频率是成正比的，但和拖欠的时间会成反比，债务人的还款心理会随着账龄的推移产生微妙变化。法律上，我们给债权人三年的诉讼时效，而且债务人的还款心理随着时间的推移而逐渐消退。

3.2.2.3 企业资金永远不足，只会选择性支付

或许有的朋友还依稀记得我之前讲过的"赖"的前世今生，通过之前的故事我们不难发现债务人存在诸多侥幸心理。随着偿付时间逐渐推移，债务人心理的变化也是同步进行，他们内心会

更加坚定不履行、不偿付货款的心理因素。

记得2014年我和一家制造业的财务总监聊到公司的逾期货款时，他说："2005—2010年公司生意极好，那时候存在的质保金基本都不要，但利润仍很高。现如今，公司营业额逐年下降，已经出现部分产品亏损，为了保证企业继续运营下去，不得不把逾期10年左右的货款开始催收。"大家听我说这些，会不会发笑呢？换句话说，再不收款，企业就要倒闭了，这是何等的格局啊！

后来，这家企业把案子委托给我们律所，经过我们仔细分析，发现这批高达2亿元人民币的近400个案件中实现回款可能性不会超过15%，其主要原因是案件的债务人大多已经被吊销、注销、停产、停业等，甚至有的企业直接以"时效期间经过"为由拒付，这不是时间惹的祸，而是我们太不重视自己的原则。这样的案例其实解决的不是"催不催款"的问题，而是"何时催款"的问题。这样通俗易懂的道理，大家一定要切记于心！

有些话说出来都是道理，那为什么不去做呢？说到底还是伤得不深！

对于传统的制造业来说，企业的营运资金永远是相对短缺的，面对原材料的上涨和市场销售风险的存在，企业有时候不得不通过资本来融资，从而使企业可以正常运营，但这样资本并非都是以股权形式体现，不排除出现债权。当融资期限到达之时也就是企业需要偿付债务的时候。在这个资金短缺的环境下，债务人很容易将原本计划支付客户的货款用于临时支付融资债务，或者支付其他压力给予相对较大的供应商。

2022年，我代理了一个案件，委托方是一家外资企业（甲公司）,其与上海本地一家国有企业（乙公司）签订了一份合同，约定共同为某省一家企业（丙公司）提供工业流水线改造服务，乙公司是总承包方，付款方式为乙公司收到丙公司的工程款后再支付给甲公司，很显然这样约定通常情况下是具有合同效力的。

甲公司委托代理这个案件后，我通过尽职调查发现，丙公司是当地很有影响力的一家企业，但该企业多年遗留问题导致企业的资金长期匮乏，很多供应商迟迟无法按时拿到货款。

案件委托之初，我们代表甲公司先与乙公司进行了沟通，乙公司表示配合，但是，依据合同约定没有收到丙公司的货款前不可以支付甲公司的钱，这样的表述的确没有问题，也就是我们说的“背靠背”。随后我们尝试债权转让方案，但遭到乙公司的拒绝，无奈之下我们开始尝试与丙公司联系，起初丙公司表示资金匮乏，需要延后排期，或许需要 1 年左右可以支付，这样的回复显然不足以让委托方认可。

在多次与丙公司董事会沟通后，丙公司终于愿意一次性支付甲公司所有货款。丙公司虽然答应支付货款，但是由于乙公司作为总包方涉及很多家和甲公司一样的供应商，这些供应商一旦知道乙公司拿到了货款，很有可能会依照平均分配原则分配货款。为了解决这样的矛盾，在我们沟通下，丙公司特意对于支付的款项做出了如下的表述“本次支付的货款仅限于支付甲公司的货款，乙公司不得挪作他用”。

当这样的付款说明展现在其他供应商面前时，他们都感觉到极为无奈。这样的例子很多，我们不难发现大多数的债务人在安排付款的时候都会选择对于他威慑力、压力、紧迫性大的债权人优先支付。

3.2.2.4 客户的不良付款习惯是由供应商培育的

我每次在课上讲到这个话题时,很多客户都不理解,债务人拖欠我货款,我没有及时向债务人要,债务人不讲信用,这样的债务人难道还是我自己培育出来的不成?不支付我的货款,是他们太不讲信用了,这跟我有什么关系呢?

是的,我们不会去刻意地让债务人养成这种习惯,但是,这样的管理应收账款的模式无形中助长了债务人的这样习惯。

下面,我想讲一个案例。

记得有一次去拜访一个客户,这个客户是一家代理商,代理一家生产压缩机的国际品牌,就代理商层面而言他还是很有影响力的。无意中我们聊到了赊销管理,谈到了他总公司的赊销模式。

当我聊到这里时候,他非常激动地问我:"公司不是从不赊销吗?我做了十年代理,为什么全部是款到发货,没有 1 天的账期呢?"

通过上面的案例,或许你有所感悟,但我相信感悟的人不会太多,需要继续细化一下。事实上,在很多销售模式中不是每个客户都有机会被给予账期,主要还是要根据本身的信用数据表现。一个好销售模式一定是科学有效的赊销模式,这样的模式要建立在科学的原则和规则基础之上。不是不给你账期,是因为你还不具备给予赊销的资格。这是众多信用经理常常提到的。对此,我时常建议信控经理要做出科学信用模型,自始至终让销售团队都坚信公司的信用管理制度是科学有效的，更是不可轻易触犯的。这样有效的模式必然会促使客户的付款习惯逐渐的发生良性变化，在此不得不提及那些害怕得罪客户的销售人员，是时候优化你手中的客户群了。

过去我们常说“会哭的孩子吃得饱”，表面上是自然规律，深藏的实际上是母爱最为直接的反应，上述的定律若要全面地反映到信用赊销这块田地里，你会发现它一样可以有效地起到作用。习惯、友情、面子总是告诉我们要等一等再催！殊不知，正是因为这样的心态让大多数的债务人有了一次又一次逃避债务的机会，也正是因为这样的心理成就了大多数债务人的抗压能力。

现实中，我们应当尽可能依照自己的契约约定及时地督促债务人偿付债务，这样的提醒并不必然导致你会失去一个朋友、客户，但你不提醒必然导致你失去一个本来应当属于你自己的权利。经常有人问我，如何算是给债务人压力？后期本书中会有专门的章节涉及这个问题，这里我简单地说一下，压力是需要针对不同的履行能力客户而言的，有的债务人存在真意愿而无能力的表现，这种情况压力适可而止，比如进入破产、停业、吊销等。相反，很多债务人属于无意愿而有能力，说白了就是有钱不给你。

经验之下我们发现这类人其实要有必要的压力，依照不同阶段给出不同压力，比如催款函、律师函、面访商谈、诉之于法等。

对于债务人的信心是诸多债权人“培育”的，“培育”这词的定义，是我自第一次做培训的时候就提倡的，之所以说是供应商“培育”的，那是基于我与很多客户沟通获得的结论。

在过去我通常听到债务人这样的回复：

"要是起诉了,我们今后就没有合作的机会了。"

"等几天,我们贷款获批后了,我就可以支付了。(实际上贷款已经申请了1年了)"

"近期我们又要招标了,先把老款放放吧"等。

你会当真吗？且慢！上述的这些理由和借口大多是债权人为了逃避债务而设计的语言罢了。

3.2.2.5 货款周转率和接触频率成正比,和拖欠时间成反比

这样的定律是基于数据库统计归纳出来的。就"接触"与"时间"而言会根据不同的债务性质的表现和账款形成的原因而发生不同的变化规则。

在中国,大家都应当知道多数的普通债权诉讼时效是3年,这3年的起算以及如何发生中止、中断我们不赘言,但通常而言,经过诉讼时效的案件存在"时效期间经过的抗辩",倘若以此抗辩,实现回款概率就大打折扣了。如此一来,如何可以保证在没有收回钱的情况下又不丧失时效呢？这就是我们需要重点关注的问题了,比如在平时与债务人接触的过程中可以习惯性地保留些催收证据,这样也是可以起到延续诉讼时效的作用。习惯性将证据分为纸质和电子文档;将电子文件储存于硬盘和"云端"等方式。

以前有家企业找到我,希望我们给予商业账款协助。通过团队一轮评估后发现,大多数的债务人已经不复存在了,其中最近一次联系债务人的时间也都超过1年,资料也是极为匮乏。这里我们需要提醒的是,债权存在的意义不仅是数字,而需要重点关

注承担这个数字义务的债务人状态是什么样子。因为这个义务人是将数字转换为货币的关键点所在。

你可万万不要认为,应收款是未来收入!

你要时刻提醒自己,应收具有不确定性!

商业不良账款之所以可以有效地处置,这个问题和账款本身的账龄有着必然的联系。我们通过将近 20 年从业数据研究发现,逾期在 720 天以上的案件实现回收的可能性在 17% 左右,这个数据是指案件的回收个数,而不能错误地理解为逾期的金额。需要注意的是,这样的数据是在产品周期线较长的行业表现出来的,在快消、服务等周期性段的企业,最高也就是 7% ~9% 的成功率。假设逾期在 180 天内,这样的案件结案成功率基本可以达到 92.7%。这些数据是基于 5000 个案件的科学分析得来的。另外,我们发现商业不良账款的处置难度的增加是以逾期 360 天为临界值,这个关键点的起始点是逾期 180 天开始,直至 720 天,使偿付意愿完全缺失。当然,根据不同行业此标准会有调整。

通常情况下,我们在着手尝试处置商业不良资产的时候一定会极为关注一个很重要的问题,那就是"最后一次与债务人沟通的时间点",这个问题显然对于案件的评估是尤为关键的,假设一个案件在 360 天或者更久的时间没有联系,不排除债务人已不再经营甚至已经注销、吊销,若与债务人维持紧密的联系,这样不仅可以维持一个较高的热度还可以起到诉讼时效期间不经过的效力。

3.2.2.6 还款心理会随着账龄的推移产生微妙变化

首先我们要清晰地理解何为账龄。所谓账龄,使用"百科语言”解释为“公司尚未收回的应收账款的时间长度”。这样的解释如要匹配商业账款管理层面是不符合要求的。我认为,账龄严格理解至少应该为一笔债权自约定之日起到可以实现权利的那刻止,同时依照账龄的时间分为5个阶段,这也就是我们所说的逾期账款时间。

很多企业不是很关注账龄的价值,认为债务人只要可以回款,拖延些日子也无所谓,殊不知这样的思想对其资金流影响是很大,通常多数的企业都存在银行贷款、社会发债等行为,这无疑需要支付必要的利息,而这些贷款需要投入生产,这样的产品通过赊销出去,从而产生了逾期货款。倘若你产生了逾期货款,一般是不支持利息的,而你的贷款可是要支付利息的,这就意味着债务人使用的是你免费提供的无息贷款,且不美哉!

逾期账龄时间越长,你的资金成本就越大,比如投资成本、机会成本、生产成本等;账龄时间越长,债权存在风险就越大,比如政策风险、市场风险、自然风险等。

还记得“赖的前世今生”吗?债务人从起初有计划偿付到后期完全否认欠款的过程,这样的债务人你遇到的还少吗?

我们之前提到“赖的前世今生”,一笔原本正常的货款因为长时间不催收,或者催收手法的不当将会导致债务人的心理因素发生微妙的变化,多数的债务人亦是如此。假设我们在一笔货款即将到期前就通过书面或口头的方式告知债务人需要履行的货款金额和时间,这样的先行为在一定程度上是可以起到必要的提醒作用的。就算债务人出现了违约的行为,我们也可以通过这样的提醒行为测试出债务人未来的风险系数是否在可控制范围之内。

在我和言忠理律师团队过去运作的很多案件中，时常会发现存在这样的情况：如当我们找到债务人提出需要他们偿付货款时，他们会提出这样的可笑问题：

“我们不知道你的银行账号，所以，我们迟迟未支付给你们。”

“我们未收到你们开具的发票，所以我们无法向财务部申请相对应的货款。”

“我们未接到你们的支付请求，所以没有计划将你们的货款付出”等。

这样的问题其实很令人费解，既然作为债务人，你们不知道我们的信息，为什么不主动和我们取得联系呢？这里债务人存着侥幸心理。若是真的因为我们没有及时将诉讼时效延续下来，债务人就很有可能依照诉讼时效期间经过为由拒绝支付货款。

记得在 2019 年的时候，我们接过一个案件，案件资料很齐全，有对方验收的合格单、对方签字确认的送货单，合同项下卖方的义务已经完全履行完毕，但是，有 10% 的质保金迟迟未支付，金额在 60 万元人民币左右，债务人经营正常，且效益也很好。当我们向债务人提出偿付这笔货款的时候，债务人开始还表示愿意配合查询债务，但是，债务人沟通两次后就不给予配合，最后债务人提出了诉讼时效期间已过的理由来拒绝支付货款。无奈之下，委托方向人民法院提出了诉讼请求，在庭审过程中对方律师向法庭主张了诉讼时效期间经过的抗辩事由，委托方无法提出证据证明时效的中断行为，最后法官判决不支持委托方诉讼请求。

有的人会说，我们是礼仪之邦。欠债还钱，不应厚颜无耻，可是当资源短缺的时候，人性“恶”的一面也就随之呈现了。

我们每年都会遇到几起这样的案子,在后文中会涉及诉讼时效延续的方式。

3.2.2.7 "冒犯"债务人并不必然影响合作

我在从事执业律师工作之前,从事了近10年的法律营销工作。当然做了律师工作后,也还是面对客户,深知销售工作的不容易。所以,在课堂上我通常聊一个话题,那就是问很多销售经理"什么样的客户是大客户?"得到的回答多是"订单大的是大客户""规模大的是大客户"等。

或许是因为职业的习惯,我个人总是认为"创造价值的是大客户"。何为创造价值呢?说得直接些就是你销售的产品可以获得多少利润,这可以是直接利润也可以是利用影响力获得的间接利润。

"冒犯"总是具有针对性的,首先我们不会轻易地对一个客户发送律师函,那一定是基于多次违约、多次承诺后而无法实现才实施的一个手段。这样的债务人如果因发送律师函就认为是"冒犯"的话,我倒想知道债务人的底线在哪里?

企业失信的成本很低,自然人通过很短的时间就可以注册公司,这导致很多法定代表人不珍惜自己的企业。很多被执行人甚至对于法院的执行通知都熟视无睹。

信用赊销采购模式本身是很健康的营销模式,但被太多的不良企业演变得极为不健康。合同订立初期出卖人基于市场竞争的压力不得不给予买受人合理的账期,但这一定是基于信用的基础而设置的,既然是信用基础就必须依照信用规则去履行,可惜的是太多的客户从买受人演变成了债务人,从债务人演变成了被告人,进而成为被执行人。所以,我建议大家在开发客户、维护客户的过程中要清晰地认识到自己真正需要的客户价值是什么。

我们在本书的开篇重点就“定性”进行了解读,更重要的是解读了“失信”的危险性。

很多企业担心要求客户付款而“冒犯”他们,我们会告诉企业这种风险是短期的,长期依靠信用逾期这样的客户价值不大,会建议企业“长痛不如短痛”,这样的客户如果放弃合作或许更为合适,不能为了短期的利益而承受更大的风险。

通常在案件完结后,我们仍然会时常收到原来案件的债务人发来的付款凭证,这些付款并不是我们原来案件的支付范畴,而是基于新的合作而支付的货款,很显然先前的案件处置并未影响后续的合作,而是疏通了新的合作管道,促进了新的合作。本来债务人因不想归还欠款而逃避新的合作,现在好了,过去拖欠的老款解决了,让新的合作更为顺畅。

3.2.2.8 尽量避免全程由销售人员收款

这个话题提出来的时候,销售人员总是恍然大悟地说:“原来收账这事情不是由我们负责啊,可是我们一直在做!”在这里需要着重强调的是,合理科学的信用管理模式下,我们将收账的时间分为若干个阶段,每个阶段都是由不同的人去完成,而不是从头到尾均由某个人去完成。

很多企业,尤其是民营企业,多数的货款是由销售人员负责的,无论货款的账龄多久,债务人的处境如何。我觉得这样的做法是极为不妥当的。试想一个职业的销售人员以销售产品为本职,让他运用法律或其他手段去处理债权问题,这样会极大地消耗他的精力。

俗话说:术业有专攻。

企业应依照债务形成的特征、账龄逾期的时间、资料完整程度等设计一套符合自己的账款管理方案。

我称为:分阶段、分层次

另外,我们说“各司其职”。销售主要负责开拓市场、管理销售业务。因此,尽量避免由销售人员负责收款,交给其他的人或信用管理部门负责收款效果会更好。销售人员主要职责是维护市场和开发市场,若在账款管理环节上浪费太多的精力显然是有悖于市场需求的。但我们不可否认的是,销售人员对于管理账款又是最为便捷和清晰的,那么我们到底是需要还是不需要销售人员来管理账款呢?我的建议是可以管理,但是这需要有一个阶段性的管理,比如说我们可以设计出适当的时间段来让销售人员管理,在经过一定的时间段,销售人员没有实现账款管理的目的,这样就必须由他的上一级人员来协助管理或者移交给其他部门协助管理。这里所提到的时间点,可以根据自己企业的情况和每个项目赊销的特征来筹划,不可没有这样的分层管理模式,也不可以一概而论。

企业在发展的过程中因处在不同阶段而采用了不同的赊销模式,这就需要不同的处置方式来与之匹配。

我遇到一个企业,这家企业是从事化工产品生产,企业制定的标准是谁负责销售谁就负责货款全额回收,否则就需要扣除相应的奖金，不足的货款还需要销售人员补足，这显然是不科学的模式。后来因为没有销售员愿意为此承担太多的风险，所以在从事赊销的时候都会选择现款现货或者风险极小的客户合作，不仅失去了很多合作机会还降低了销售员的忠诚度，公司因为这样的运作模式也失去了很多利润，这种模式是比较低级的表现，当然一味追求"现款现货"的企业在信用赊销方面就更为不科学了。

3.2.2.9 由专业人员处理不良账款事务效率更高

从商业不良账款的处置可能性上来看，基本可以分为两大类：

第一类指账款的软性指标，所谓软性指标可以理解为企业主体并不存在能力上不能履行债务的一种指标，通常指企业人员离职没有人管理账款、账对不清、产品质量瑕疵、服务欠缺、承诺未有兑现、资料匮乏、恶意拖欠。

第二类指账款硬性指标，所谓硬性指标我们通常理解为是企业愿意偿付债务，但由于其本身没有能力履行，比如破产、停产、吊销、失联等情况。

我们现在来逐步分析这两大指标，首先我们分析一下软性指标。在当今企业发展的过程中资金成本对于企业的战略是至关重要的。谁的资金成本低，谁可以在法律范畴内合理控制资金流等核心问题，那谁就能抢占市场一席之地。而要解决上述问题，企业就会不择手段地来管理资金和运营资金。这样的企业通常就不排除使用些不必要的手段来达到目的，我们都知道很多时候当我们开始尝试去解决逾期账款，债务人总是以各种理由来制造阻碍,诸如质量瑕疵、延迟发货、资金匮乏、服务欠缺等。没有错,或许你之前真的存在这些问题,但在你没有处置这些账款的时候你从来不会听到类似的阻碍,一旦你提及要处置账款,阻碍便开始变得多起来了,因此我们就要思考为什么会出现这样的情况。

其实,我分析,这样的行为就是因为资金被占用而找的理由,也就是意愿上的缺失,俗称软性指标。我们通过调查也不难发现,一些出现阻碍的企业通常经营得很好,很少有停产、亏损的情况,也正因为他们还要继续经营,所以需要给彼此创造一个谈判的机会。再继续分析债务人提出类似理由的主要原因还是希望可以得到些无息资金。

以前我曾处理过一个案件,案件的金额很小,4 万元左右人民币,开始我们有其他的律师在负责,后期实在无法沟通,无奈之下想提起诉讼。我们分析后发现,案件金额很小且诉讼地比较遥远,对方提出了质量瑕疵,声称多次寻求技术支持但都没有回应。起初得到这些消息的时候我也感到很为难。本来,对于这样金额不大的案件在常理上应当是很容易调解结案的,但为什么如此困难呢?由于产品的供应商是服务了很多年的企业,其产品也较为熟悉,原则上是不会存在质量瑕疵,可以说产品质量是极为稳定和成熟。另一个关于提出技术支持的问题我也作了分析,供应商的售后服务电话都是有通话录音的,通过这些录音也是可以查询到相关信息的。

分析完这两个问题后,我便开始与债务人协商,债务人果不其然地将我分析的问题又阐述了一遍。为此,我提出了 2 个要求:

(1)明确欠款金额;(2)保修的记录和实际维修的费用清单提供给我。

债务人听后当即表示欠款金额没有问题,维修清单尚存,但是报修记录没有保存。三天后我收到了债务人发来的维修记录,是一张内容为"更换机油"的收条,当我看到这样的记录时,心里顿时有了希望,要知道"更换机油"这样的事情并不属于维修范畴,而是常规的保养行为。

后期经过多次沟通,债务人履行了付款义务,当然适当的让步还是可以起到作用的。案件听起来似乎很简单,但通过与债务人再次深入沟通的时候,我发现这笔货款本来是计划要支付的,那么为什么又不支付了呢?原来这涉及原销售人员的离职,有些售后收尾工作没有交接清楚,在长达 2 年的保质期内没有任何形式的回访,现在突然前来索要货款,这显然是远远超出债务人预期的。

通过这样案例我们是否可以隐约地回忆起自己过去也经历过类似的情况?其实,遇到此种情况我们不必为此大怒,更不要置之不理,而是以理性的思路与对方商榷,通过正确的引导最终一定可以实现处置目的。

不久前,有一家顾问单位因为要签订一份合同,很着急地打电话向我咨询。合同利润很高,但是违约责任也很重。

这份合同的特殊性体现在售后服务时间的紧迫性上,合同上的条款大致要求供货方应当在接到买受方通知的 24 小时内抵达买受方现场履行维修义务,否则,每耽误一天处罚 2 万元。这个合同标的额在 40 万元左右,通常情况下我们很少约定这样严厉

的处罚措施。接到这样的咨询后,我提出了几个要求:

(1)对方一定要以书面形式提出维修请求;

(2)相关维修人员前往过程的行程记录单据和住宿单据都必须保存好;

(3)涉及的维修内容和维修过程以及维修结果必须由对方签字确认,不确认的应当有录音、录像作为证据。

这家顾问单位接受了我的建议,很快与对方订立了买卖合同。大约合同履行了半个月后,我又接到了顾问单位来电,这次显得更加着急,电话中提到买受方已经向他们发出了律师函,要求索赔 8 万元人民币。听到这个消息,我一点都不觉得意外,这不正是对方订立合同之初的策划吗?

那么,问题来了,顾问单位是否存在违约行为呢?事实上,顾问单位的维修人员并没有违约,而是依照买受人约定的时间前往,但没有获得维修记录的清单,也没有录音、录像,维修人员住的酒店没有开具发票导致行程证据也不齐全。在这种情况下,我建议顾问单位将高速行程单和酒店的收款收据保存好,好在证据的形成时间、酒店的地理位置基本可以判断是依照买受方要求的时间抵达的。分析好后我们立即给买受人发送了一份可豁免的律师函,正因为我们有了防范,才排除了买受人要赖手段的阻碍,但为了避免麻烦,顾问单位还是补偿了 5000 元的配件。

上面的这个案例似乎和处置应收账款没有太多关系,但是,我们不难发现的是,在合同履行的过程中我们很关注证据的形成和保存,假设该案存在应收账款,那么在处置的时候就会相对容易些。

应当说，上述的这类案件处置程序是极为简单，因为债务人已经无能力支付，或处于停产状态，面临倒闭，这种种状态都是债权人和债务人不愿意看到的现实，故也没有太多协商的必要，通常的处置方法要么是起诉后提取坏账准备，要么是债转股，还有可能因债务人的收购、重组而实现处置结果，总归这样的项目一定是需要长时间去等待的。

对于能力的理解，恐怕我们要分析一下“真无能力”和“假无能力”的区别。履行能力的辨别是处置账款的重要前提。

所谓“真无能力”即可理解为债务人所表现的现象是真实的，不具有虚构成分，只是因为政治因素、市场风险、人员、自然等因素影响企业本身的发展，从而导致偿付能力欠佳，而且从债务人过去信用的表现也能推断其没有恶意拖欠的意思。这样的案件风险如何规避，我们将在下文中解释。另一层面我们需要知道何为“假无能力”。

所谓“假无能力”通俗的理解就是债务人有能力履行而拒绝履行，这大约占案件中 80% 的数量。这类债务人会找出不同的理由来搪塞你的诉求，比如质量出现了瑕疵、产品延迟发货、资料未有提供、由于人员变更不知情，资金匮乏等理由。若是债务人直接就以上述的理由来阻碍，通常情况下还是好处理的，问题就是在于债务人会有一种假象，让你需要通过经验、技术来分辨阻却的事由真假。我通常和企业销售人员聊天的时候会提到，如果一个债务人没有钱支付货款，但是他依旧可以出入高档场所进行消费，那么你还认为他是能力欠缺吗？

对于债务人因能力欠佳不履行债务的情况，我们应该如何有效地规避呢？说到这种情况，不得不提起在2011年的时候我们国家对光伏行业进行产业调整。那时候我经常接到债务人为光伏行业，委托方基本是外商独资企业，所拖欠的逾期账款也基本是基于2010年年中订立的合同，经过良好的沟通这些逾期账款也基本上都能在2012年前得到有效的回款。

而到了2012年、2013年，甚至是2014年再出现这样的案件，就算是同一个债务人，也很难成功回收，重要的原因就是企业属于"真无能力"。上述的案例中为什么有的企业可以及时地挽回损失，有的企业却没有能够挽回损失呢？主要原因还是企业的体制问题，你的企业出现逾期的情况是否有应急步骤？这样的应急步骤是否得以有效的实施？这或许是我们企业需要认真思考的问题。

后　记

2005年我加入“新华信集团”时24岁。2007年我开始走上讲台授课,也就是那一年中了前老板Tony的预言,“你是我招聘时,唯一告诉我未来要创业的,而我,还是选择了你”。没错,2007年3月我开始第一次创业。

直至2012年我成立“言忠信”公司后,(现在“上海言忠理律师事务所”前身),我才真的确定我可能今后没有其他方向了,一直到后期为“高顿财税”“上海财大CEO”授课。

无论如何,驻足至此临近20个年头。

我不承认自己是个律师,因为律师主要业务是诉讼,解决的问题更多是事后处置,而我更多是倡导前期预防。

我不承认自己是个老师,因为老师的职责是传道、授业、解惑,解决的问题更多的是学术问题,而我更多的是在实务中处置。

我承认自己是一个领域有显著专长的人，我更愿意把自己的一点专长分享出来。

你愿意学，我愿意写！

或许有很多人也很诧异地问我，不停地写书、不停地去写真实的案例，写真实的想法；不停地去授课，难道不担心会有竞争对手吗？

我想说的是，竞争对手的存在固然是好事情，这也是事物创新的基础。"江山代有才人出，各领风骚数百年"，我不敢定言风骚，但是人才代出是必然。我衷心地希望每一个想从事商业账款管理的朋友，都有一颗敬仰之心，善待每一个债务人。

让每一个诉讼案件在进入司法程序前，都可以得到充分的调解。

2025 年 2 月 26 日